Helmut Fickenscher
Peter Hanke
Karl-Heinz Kollmann

Zielorientiertes Informationsmanagement

Helmut Fickenscher
Peter Hanke
Karl-Heinz Kollmann

Zielorientiertes Informationsmanagement

Ein Leitfaden zum Einsatz und Nutzen des Produktionsfaktors Information

Friedr. Vieweg & Sohn   Braunschweig / Wiesbaden

CIP-Titelaufnahme der Deutschen Bibliothek

Fickenscher, Helmut:
Zielorientiertes Informationsmanagement:
ein Leitfaden zum Einsatz und Nutzen des
Produktionsfaktors Information / Helmut
Fickenscher; Peter Hanke; Karl-Heinz
Kollmann. – Braunschweig; Wiesbaden:
Vieweg, 1990

NE: Hanke, Peter:; Kollmann, Karl-Heinz

Der Verlag Vieweg ist ein Unternehmen der Verlagsgruppe Bertelsmann International.

ISBN-13: 978-3-528-04723-8   e-ISBN-13: 978-3-322-84274-9
DOI: 10.1007/978-3-322-84274-9

Vorwort

Nachdem unter dem Begriff *"Informationsmanagement"* sowohl von Herstellern von DV-Anlagen und Software-Produkten als auch von einigen Autoren völlig verschiedene Inhalte verstanden werden, wollen wir mit dieser Veröffentlichung versuchen, zur Klärung dieses Begriffes beizutragen.

Nach unserer Ansicht sind einige Veröffentlichungen zu diesem Thema sehr stark an der Datenverarbeitungs-Technik ausgerichtet und weniger am Nutzen und Wert des Produktionsfaktors "Information" orientiert. Wir haben daher eine Publikation *von Praktikern für Praktiker* geschrieben. Dabei wird versucht, die theoretischen und praktischen Voraussetzungen für künftige Lösungen zu schaffen, indem zunächst der Begriff "Informationsmanagement" als praktische Arbeitsdefinition festgeschrieben wird. Zusätzlich werden einige Vorteile und das "Rationalisierungs-Potential" des methodischen und praktischen Informationsmanagements aufgezeigt. Darüber hinaus werden praktikable Möglichkeiten zur Einführung und Fortschreibung des Informationsmanagements vorgeschlagen und praktikable, methodische Vorgehensweisen zur Einführung eines wettbewerb-orientierten Informationsmanagements dargestellt.

Wir sind der Ansicht, daß eine *konsequente Orientierung* des Informationsmanagements *an den Unternehmenszielen* erfolgen muß, da die Qualität der betrieblichen Ziele die Qualität der betrieblichen Zukunft bestimmt.

Helmut Fickenscher
Peter Hanke
Karl-Heinz Kollmann

Fürth/Kassel
Oktober 1989

Einleitung

Wir leben in einer Überflußgesellschaft. Wir haben Überfluß an
  * Waren
  * Dienstleistungen
  * Ideen
  * **Informationen.**
Dieser Überfluß ist kaum noch zu bewältigen.

Ebenso erhält jedes Unternehmen und jeder Betrieb eine unübersehbare
Vielzahl von **Informationen** über
  * Märkte
  * Kunden
  * Produkte
  * Abnehmer
  * Lieferanten
  * Mitbewerber
  * politische Vorhaben
  * technische Entwicklungen
  * gesetzgeberische Maßnahmen.

Diese Fülle von Informationen muß der Mitarbeiter aufnehmen und nach
Möglichkeit bei seinen Entscheidungen berücksichtigen. Das ist ein fast
aussichtsloses Unterfangen, wenn die Informationen völlig unkoordiniert
den Betrieb überfluten und durchdringen. Jeder Betriebsleiter muß sich an
dieser Stelle die Fragen stellen:
  - Stehen mir für meine Unternehmens-Entscheidungen immer die
    richtigen Informationen zur Verfügung?
  - Erhalten meine Mitarbeiter die notwendigen Informationen zu richtigen
    Zeit?
  - Hat jeder Mitarbeiter die korrekten Informationen zur Verfügung, die er
    für seine Arbeit unbedingt benötigt?

Kein verantwortungsbewußt handelnder Manager kann die gegebenen betrieblichen Zustände uneingeschränkt befürworten und die zuvor gestellten Fragen mit einem klaren und ehrlichen JA beantworten.
Der verantwortungsbewußt handelnde Entscheider weiß, daß **Informationen**
  * gesammelt
  * aufbereitet
  * bewertet
  * ausgewertet
werden müssen, bevor diese dem richtigen Fachbereich zur Verfügung und damit zur weiteren Verwendung übermittelt werden können.

Information und **Kommunikation** bilden in ihrem Ablauf/Verlauf eine funktionale Einheit. Dieser Prozeß wurde und wird oftmals isoliert betrachtet und isoliert gelöst. Die Folgen dieses Vorgehens sind zwangsläufig. Es werden häufig strategische Entscheidungen unter Unsicherheit getroffen, obwohl mehr zielgerichtete Informationen die Entscheidungssicherheit wesentlich erhöhen könnten. Dispositive Entscheidungen erfolgen oftmals ad-hoc und ohne Kenntnis der augenblicklichen Marktsituation (Kunden/Lieferanten). Diese Situation ist bzw. kann für den Bestand des Unternehmens gefährlich sein oder werden. Der verantwortungsbewußte Unternehmer ist zum Handeln aufgefordert.

Seit einiger Zeit wird versucht, für diese Problemstellung unter dem Modebegriff "**Informationsmanagement**" Lösungen zu erarbeiten. Vielfach muß es bei einem Versuch bleiben, weil die vorliegende Aufgabenstellung fast ausschließlich entweder kommunikations-bezogen oder technik-orientiert realisiert wird.

Das vorliegende Fachbuch geht die Problemlösung von der bestehenden Aufgabenstellung her an. Informationsmanagement ist nach Auffassung der Autoren ausschließlich zielorientiert zu lösen und somit eine Management-Aufgabe. Das heißt, daß zuerst von den Unternehmenszielen ausgehend bis zu jeder Unternehmensstufe die wichtigsten Ziele abzuleiten sind. Die daraus entstehende Zielhierarchie bildet die Grundlage für eine funktionale Informationsaufbereitung und Informationsbewertung. Daran schließt sich die aufgabenbezogene Informationsspeicherung und die Informationsweiterleitung an. Für ein **erfolgreiches Unternehmen** ist zielorientiertes Informationsmanagement unabdingbar.

Der wesentliche Schwerpunkt dieses Buches liegt im Bereich der
* Informationserhebung
* Informationsaufbereitung
* Informationsbewertung
* Informationsspeicherung
* Informationsweiterleitung

mit dem Ziel des Aufbaus eines **unternehmens-individuellen Informations-Modells.** Es werden auch die Verfahren und und das methodische Denken der Zukunft als "Expertensystem" für das Informationsmanagement berücksichtigt.

Eine weitere, nicht zu unterschätzende, Voraussetzung ist ein funktionierendes, unternehmens-individuelles Kommunikationssystem. Nach den praktischen Erfahrungen der Autoren kann davon ausgegangen werden, daß die erforderliche Kommunikationstechnik weitgehend in den Unternehmen gelöst ist oder kurz- bis mittelfristig einer funktionsfähigen und zufriedenstellenden Lösung zugeführt werden kann.

Als wesentlich sehen die Verfasser dieses Buches einerseits die Integration des Informationsmanagements in die betriebliche Organisation, andererseits die Berücksichtigung der verfügbaren Hilfsmittel und Methoden für den Aufbau und die Anwendung des zielorientierten Informationsmanagements. An wichtigen Stellen werden die theoretischen Aussagen und die praxis-bezogenen Anregungen mit Beispielen aus der Praxis verdeutlicht. Dieses Fachbuch ist ein Leitfaden von Praktikern für Praktiker und kann bei der unternehmens-individuellen Umsetzung des **zielorientierten Informationsmanagements** verwendet werden.

1 Was ist Information?

1.1 Der Informations-Begriff

1.2 Information in der betrieblichen Kommunikation

1.3 Zusammenhang zwischen Information und Daten

1.4 Schlußfolgerungen

1.1 Der Informations-Begriff

Der Begriff **"Information"** wird von vielen Fachdisziplinen der Wissenschaft sowie von DV-Beratern benutzt und dabei nach dem jeweiligen Standort gedeutet und erklärt. Dieser Begriff wird vielfach als schillerndes "Modewort" ohne ausreichenden Praxisbezug angewandt. Im folgenden wird unter **"Information"** [1] der Teil einer problembezogenen Nachricht verstanden, der für den Empfänger eine **Wissenserweiterung** bedeutet. Dieser Informationsbegriff soll im Bild 1.1 verdeutlicht werden. Dabei kann jede Nachricht, die von einem Sender zu einem Empfänger übermittelt wird, in bekanntes Wissen (Redundanz) und Wissenserweiterung **(Information)** aufgeteilt werden. Die jeweils enthaltenen Daten können durch Werte und Deskriptoren spezifiziert werden.

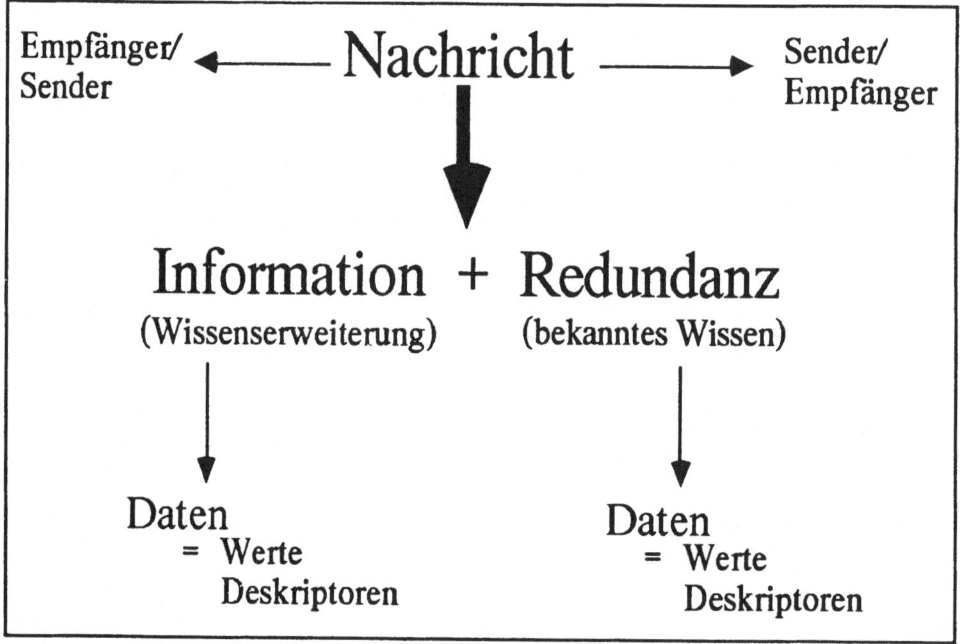

Bild 1.1:   Darstellung von Nachricht - Information - Daten

---

1) Vgl. Koreimann, Systemanalyse, S. 160

Die abschließende Behandlung des Komplexes **"Information"** ist zu vielschichtig und umfassend, so daß eine Eingrenzung der Betrachtung für den Praktiker sinnvoll erscheint. Als praxisnaher Teilaspekt sei die nachfolgende Beschreibung aufgeführt:

"Die betriebliche Information [2]
- ist die Kenntnis über betriebliche Sachverhalte und Vorgänge im Unternehmen,
- setzt Abmachungen (Spielregeln, Protokolle usw.) voraus,
- wird für die Durchführung einer betrieblichen Aufgabe oder zur Entscheidungsfindung benötigt,
- dient zur Produktivitätssteigerung,
- ist damit zweckgebunden und zielorientiert,
- ist im betriebswirtschaftlichen Sinn eine Ressource bzw. ein Wirtschaftsgut,
- ist für das Unternehmen ebenso wichtig wie die anderen betrieblichen Ressourcen. "

Das bedeutet, das Wirtschaftsgut **"betriebliche Information"** beinhaltet also die erforderlichen Sachverhalte und Vorgänge zur Planung, Durchführung und Kontrolle sämtlicher Aufgaben und zielorientierter Entscheidungen im Unternehmen.

> Im Zeitalter der Informations-Verarbeitung
>
> ist der Besitz von und der Zugriff auf Informationen der wichtigste Produktivfaktor
>
> eines Unternehmens und der Volkswirtschaft
>
> John Diebold

2) Pohl, Schrittweises Vorgehen..., S.72 f

1.2 Information in der betrieblichen Kommunikation

In der **betrieblichen Kommunikation** kann der **Informations**-Teil
einer Nachricht zu Entscheidungen führen. Voraussetzung dafür ist, daß der
Informations-Teil einer Nachricht als solcher erkannt und festgehalten wird.
Die in dieser Information enthaltenen Daten müssen extrahiert und
aufbereitet werden. Danach können die **Daten** entsprechend ihrer
Zweckbestimmung (**operativ/dispositiv/strategisch**) verarbeitet
werden. Nunmehr erfolgt eine *Bewertung* der Daten , die zu einer
operativen, dispositiven oder **strategischen Entscheidung** führen
kann. Bild 1.2 zeigt schematisch die Information in der betrieblichen
Kommunikation. Daraus wird ersichtlich, daß die in der Information
enthaltenen Daten nach einer Aufbereitung und der eigentlichen
Verarbeitung bewertet werden können.

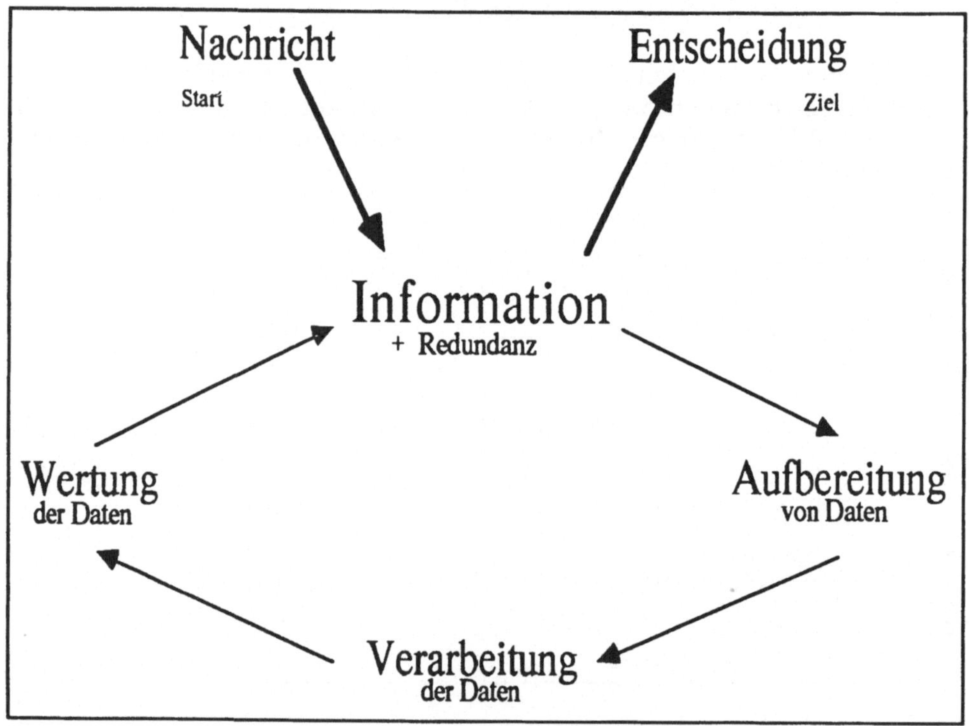

<u>Bild 1.2 :</u>   Information in der betrieblichen Kommunikation

Ein Beispiel aus der Praxis ist im folgenden Kapitel dargestellt.

1.3 Zusammenhang zwischen Information und Daten

Durch die **Kommunikation** vom Sender zum Empfänger werden die bewerteten **Daten zur Information.** Somit erfolgt durch die Verarbeitung der Nachricht eine Erhöhung des Wissenstandes.
Bei jeder zusätzlichen Information im **Kommunikations-Ablauf** entsteht erneut ein *Daten - Informations - Kreislauf.*

An dieser Stelle soll der Zusammenhang zwischen Information und Daten näher beleuchtet werden:

1. Zunächst sollte von der Fragestellung nach dem *subjektiven, objektiven* bzw. *effektiven Informationsbedarf* ausgegangen werden. Demnach sind *Fragen zu formulieren.*

   Dies wird an einem Beispiel aus dem Fahrzeugbau (Bild1.4 - Bild 1.6) verdeutlicht. Die erforderlichen Fragestellungen können lauten:
   - Wieviel Reifen werden für die anstehende Produktionsperiode benötigt?
   - Reicht der derzeitige Lagerbestand einschließlich der bestellten Mengen hierfür aus?
   - Kann die Lagerhaltung zugunsten der unmittelbaren Lieferung in den Produktionsprozess aufgegeben werden?

2. Die erforderlichen *Informationen* werden *zur Verfügung gestellt* und entsprechend der *Fragestellung aufbereitet.*

3. Die in den Informationen enthaltenen und andere vorhandene *Daten* sind korrekt nach ihren Deskriptoren und ihren Werten paarweise *zuzuordnen* und *zu verarbeiten.*

4. Die gewonnenen *Daten* werden entsprechend der Fragestellung *bewertet.*

5. Die Entscheidungsebenen dürfen nicht isoliert betrachtet werden. Jede dispositive Entscheidung setzt operative Entscheidungen voraus. Für strategische Entscheidungen sind dispositive Entscheidungen unumgänglich. Diese Situation kann grafisch als *Entscheidungsspirale* dargestellt werden (siehe Bild1.3).

6. Abschließend kann eine *operative, dispositive* und/oder *strategische Entscheidung* erfolgen.

Die Entscheidungsspirale (Bild 1.3) zeigt, daß dispositive Entscheidungen operative Entscheidungen voraussetzen. Für strategische Entscheidungen sind auch dispositive Entscheidungen erforderlich.

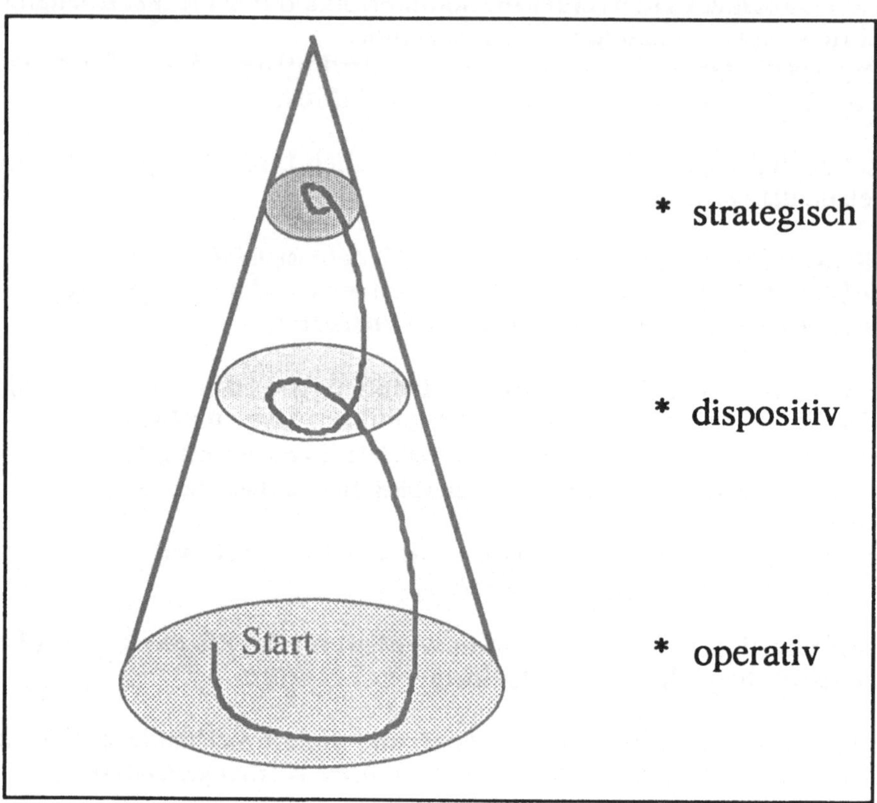

<u>Bild 1.3 :</u> Entscheidungsspirale für operative, dispositive und strategische Ebene

Der Zusammenhang zwischen Daten und Informationen im Kommunikations-Ablauf für
       * **operative-,**
       * **dispositive-,**
       * **strategische Entscheidungen**
soll an einem einfachen Beispiel dargestellt werden.

Hierzu wurden die Beispiele aus dem Produktionsbereich (Fahrzeugbau, Einachs-Wohnwagen/-Anhänger) so ausgewählt, daß die dispositiven auf den operativen Entscheidungen und die strategischen auf den dispositiven Entscheidungen aufbauen:

> Dabei ist ausgehend von der ersten Fragestellung "Wieviel Reifen werden für die künftige Produktionsperiode laut Produktionsplan benötigt?" (1.) mehrmals der Daten- Informations-Kreislauf zu durchlaufen.
> Die Informationen werden entsrechend der Fragestellung zunächst aufbereitet (2.). Die in den Informationen enthaltenen Daten werden nach Deskriptoren und Werten zugeordnet und verarbeitet (3.). Im vorliegenden Beispiel ist dem Deskriptor "Material-Nummer" der Wert "1154" zugeordnet.
> Nach der vollständigen Zuordnung und Verarbeitung der Daten kann eine Wertung (4.) erfolgen: "Für den Produktionszeitraum werden insgesamt 1500 Reifen benötigt".
> Darauf aufbauend ist eine Entscheidung möglich (5. und 6.): "Zur Sicherung des Produktionsablaufes darf der Mindestbestand nicht unterschritten werden".

Nach diesem erstmaligen Durchlauf des Daten-Informations-Kreislaufes erfolgt jetzt eine Wiederholung dieses Zyklus, beginnend mit der zweiten Fragestellung "Reicht der derzeitige Lagerbestand einschließlich der bestellten Menge hierfür aus?" usw.

Der Schwerpunkt des Informationsmanagements liegt hierbei bei der Wertung und Entscheidung, während der Schwerpunkt der Datenverarbeitung bei der Aufbereitung, Zuordnung und Verarbeitung der Daten liegt.

Diese Darstellung (Bild 1.4) zeigt den Zusammenhang zwischen Information und Daten als Beispiel für die **operative Entscheidung** "laufende Reifenbestellung für eine Produktionsperiode".

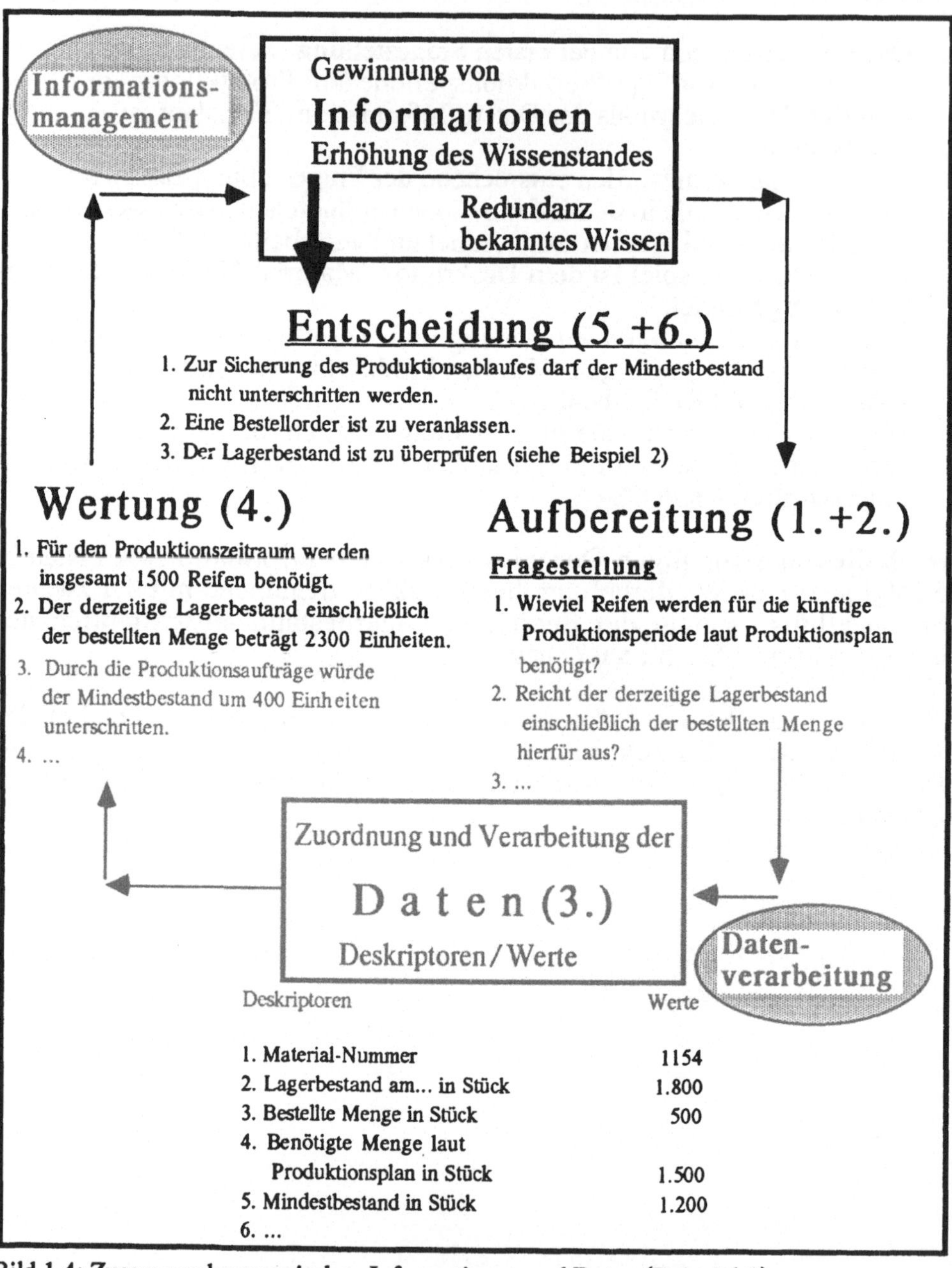

Bild 1.4: Zusammenhang zwischen Informationen und Daten (Beispiel 1)

Bild 1.5 verdeutlicht den Zusammenhang zwischen Information und Daten am Beispiel für die **dispositive Entscheidung** "Überprüfung des Lagerbestandes bei eigener Lagerhaltung ". Dabei ist wieder ausgehend von der ersten Fragestellung der Daten-Informations-Kreislauf zu durchlaufen.

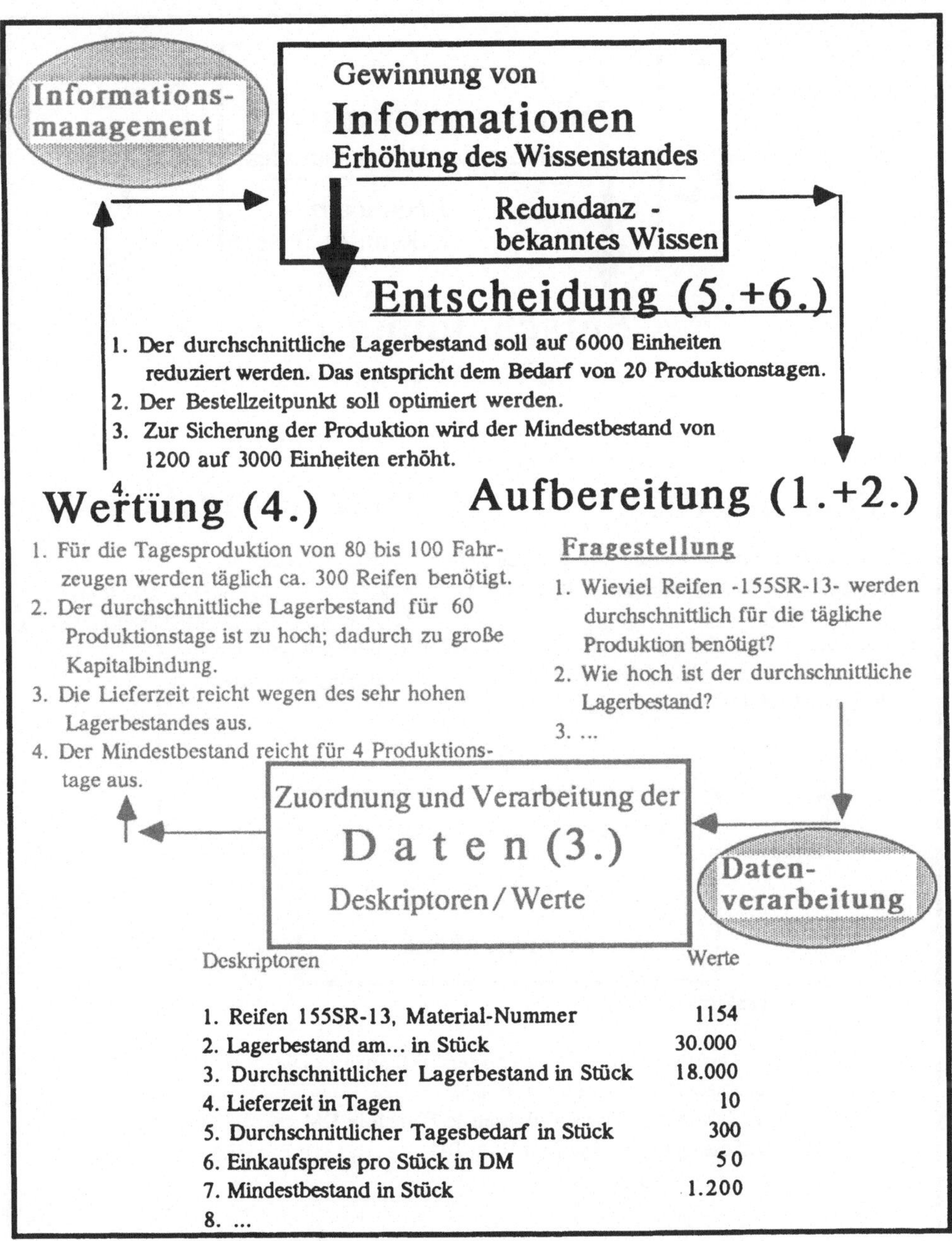

Bild 1.5: Zusammenhang zwischen Informationen und Daten (Beispiel 2)

In Bild 1.6 ist der Zusammenhang zwischen Information und Daten am Beispiel für die Fragestellung zur **strategischen Entscheidung** "eigene Lagerhaltung oder direkte Lieferung in den Produktionsprozess?" dargestellt, wobei der Daten-Informations-Kreislauf auch hier wiederum durchlaufen wird.

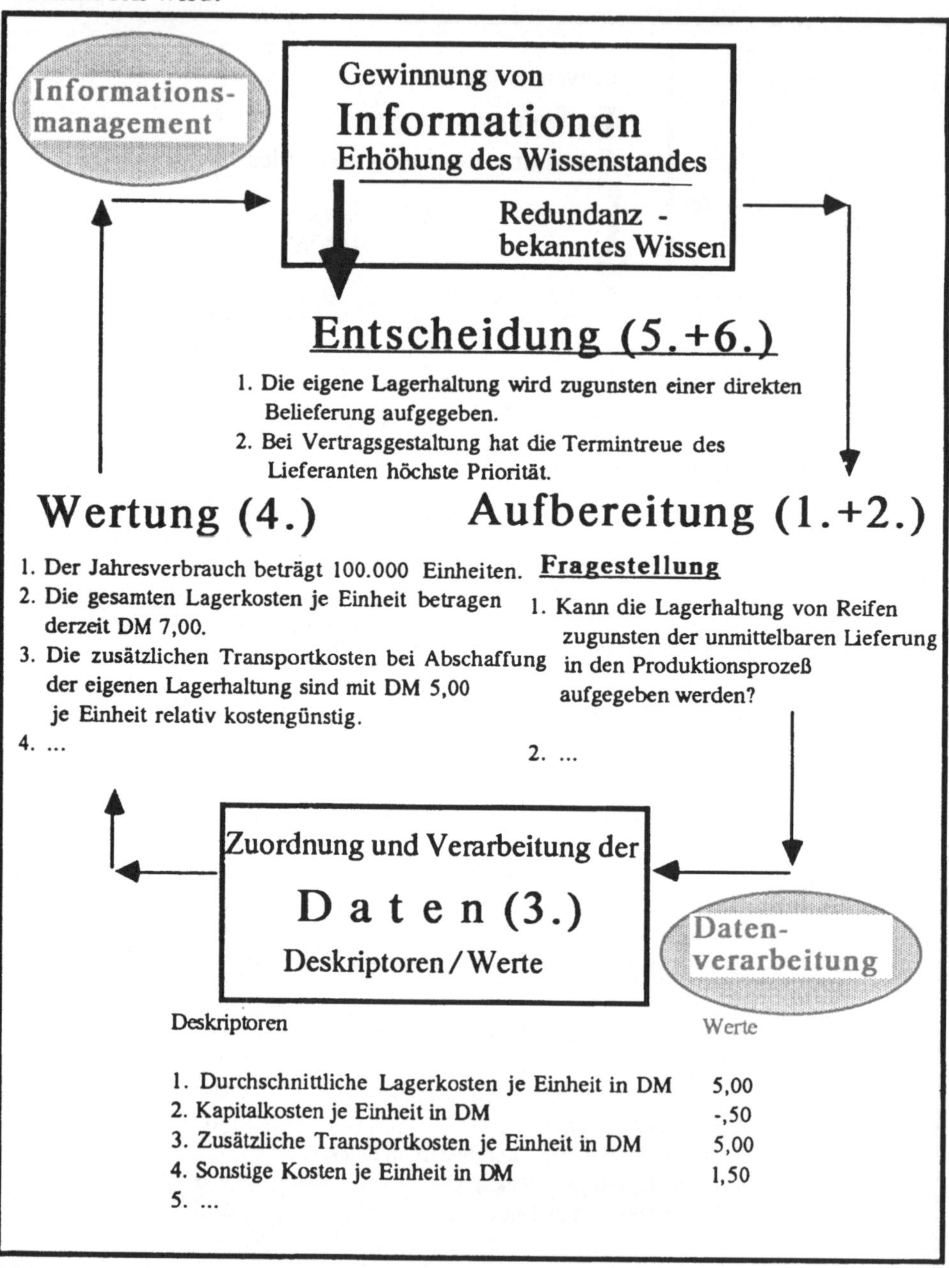

Bild 1.6: Zusammenhang zwischen Informationen und Daten (Beispiel 3)

1.4 Schlußfolgerungen

Nachrichten enthalten Informationen, die beim Empfänger zur **Wissenserhöhung** beitragen. Zusätzlich wird auch **redundantes Wissen** übertragen. Um die Wissenserhöhung nutzen zu können, müssen die übermittelten Daten **aufbereitet, verarbeitet** und **bewertet** werden. Schließlich können auf der Basis der übermittelten Informationen die notwendigen **Entscheidungen** getroffen werden. Diese Entscheidungen führen zu **Aktionen** bzw. **Reaktionen**.
Somit werden **Tätigkeiten** eingeleitet, die über **Vorgänge** und **Prozesse** aktuelle Informationen weitergeben und damit erneut einen Daten-Informations-Kreislauf initiieren.

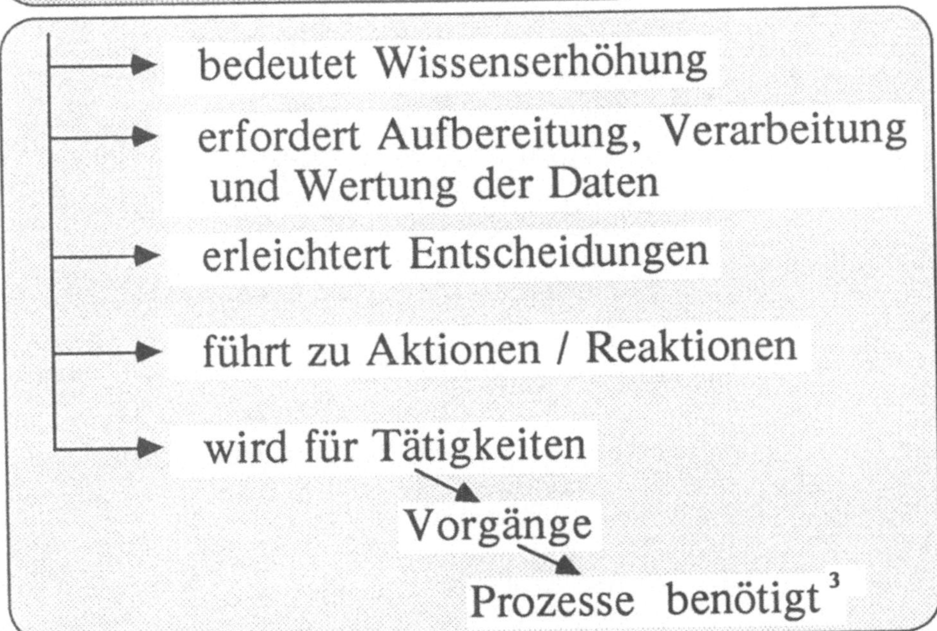

Bild 1.7: Informations-Thesen

3) Vgl. Höfer, Informationswert-Gestaltung..., S. 22ff

2 Was ist Informationsmanagement?

2.1 Gesamtkonzeption des Informationsmanagements im Überblick

Mit der Gesamtkonzeption des Informationsmanagements wird ein Überblick über die Vorgehensweise von der Festlegung bis zur abschließenden Einbindung des Informationsmanagements in die betriebliche Organisation gegeben. Begleitend zu diesem gesamten Ablauf werden gezielt die geeigneten Verfahren, Methoden, Hilfsmittel und Wekzeuge eingesetzt.

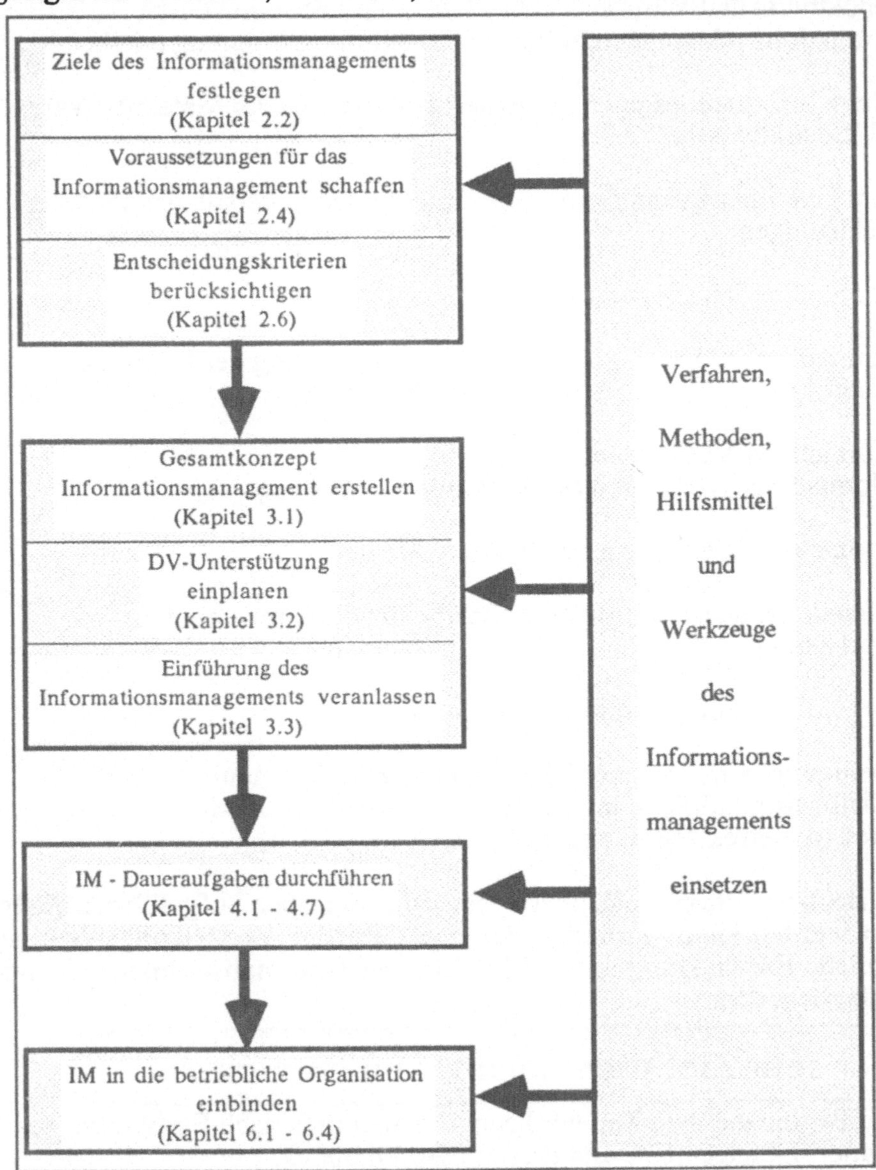

Bild 2.1: IM-Gesamtkonzept

2.2 Ziele des Informationsmanagements

Für das Informationsmanagement sind u. a. die folgenden Ziele von
Bedeutung:

*   Verbesserung der Wettbewerbsfähigkeit durch zielgerichtete und
    beschleunigte Informationen

*   Produktivität und Wirtschaftlichkeit der Administration durch
    Informations-Aktualität und Informations-Rationalisierung erhöhen

*   Höhere Informationsgeschwindigkeit erreichen als der Material-, Waren-
    und Produktionsfluß

*   Komplexe Entscheidungsprozesse ermöglichen, unterstützen und/oder
    beschleunigen

*   Informations-Inhalte herausstellen

*   Informationsflut beseitigen, da diese zur Entwertung der Information
    beiträgt

*   Informations-Verwertung verbessern
    -Informations-Wert durch Informations-Verwertung-

*   Informations-Werte herausstellen

*   Differenzierung in Informations-Bearbeitung und Informations-
    Verarbeitung

*   Das wilde Datenwachstum in Bahnen lenken

*   Beseitigung von Medienbrüchen und langen Übertragungszeiten,
    deshalb wirtschaftliche Informations-Verarbeitung durch ein
    geschlossenes IM-Gesamtkonzept.

Die betriebliche Praxis zeigt, daß nicht jedes der oben aufgeführten Ziele
erreicht werden kann. Trotzdem ist eine derartige Zielsetzung für eine
erfolgreiche Entwicklung und Einführung des Informationsmanagements
unumgänglich, denn:

> ## Wer sein Ziel nicht kennt, kommt nicht an!

Jedes zu Beginn gesetzte Ziel wird zum Prüfmerkmal nach Einführung des
Informationsmanagements und dessen Beurteilung.

2.3 Der Begriff Informationsmanagement

Der Begriff "Informationsmanagement" ist bei umfassender Betrachtungsweise, die diesem Buch zu Grunde liegt, folgendermaßen zu definieren:

> Informationsmanagement (IM) bedeutet
> - o Analysieren
> - o Bewerten
> - o Gestalten
> - o Steuern
>
> der Informationen, Informationsstrukturen und Informationsflüsse in einem Unternehmen derart, daß die gesetzten Unternehmensziele möglichst optimal erreicht werden.

Im Vergleich zur herkömmlichen Betriebswirtschaftslehre bedeutet Informationsmanagement einen völlig anderen Ansatz, weil hierbei die Information als wesentlicher Produktionsfaktor berücksichtigt wird. Im Vergleich zum bisherigen, konventionellen EDV-Einsatz bedeutet Informationsmanagement einen neuen, umfassenden Ansatz unter Einbeziehung sämtlicher bekannter und neuer Kommunikationshilfsmittel. Durch den Einsatz des Informationsmanagements werden Entscheidungen auf jeder Unternehmens-Ebene durch die sachgerechte, gezielte und wirtschaftliche Bereitstellung der erforderlichen Informationen erleichtert.

Im Rahmen des Informationsmanagements werden sämtliche eintreffenden Nachrichten gefiltert. Dabei werden redundante und überflüssige Informationen eliminiert. Die problembezogenen Informationen werden durch eine **IM-Entscheidung** der
- * operativen Datenverarbeitung
- * dispositiven Daten-/Informationsverarbeitung
- * strategischen Informationsverarbeitung

zugeführt. Die eigentliche Informationsverarbeitung erfolgt mit Hilfe der **IM-Technologie.**

Bild 2.2 veranschaulicht den Informations-Ablauf innerhalb des Informationsmanagements unter Berücksichtigung des IM-Filters. Der IM-Filter hat in diesem Ablauf die wesentliche Aufgabe, einerseits die eintreffenden Nachrichten nach Informationen und Redundanzen zu unterscheiden sowie andererseits Informationen und Redundanzen zu bewerten, um schließlich sämtliche falschen und unkorrekten Informationen sowie redundante Informationen aus dem IM-Prozeß zu eliminieren.

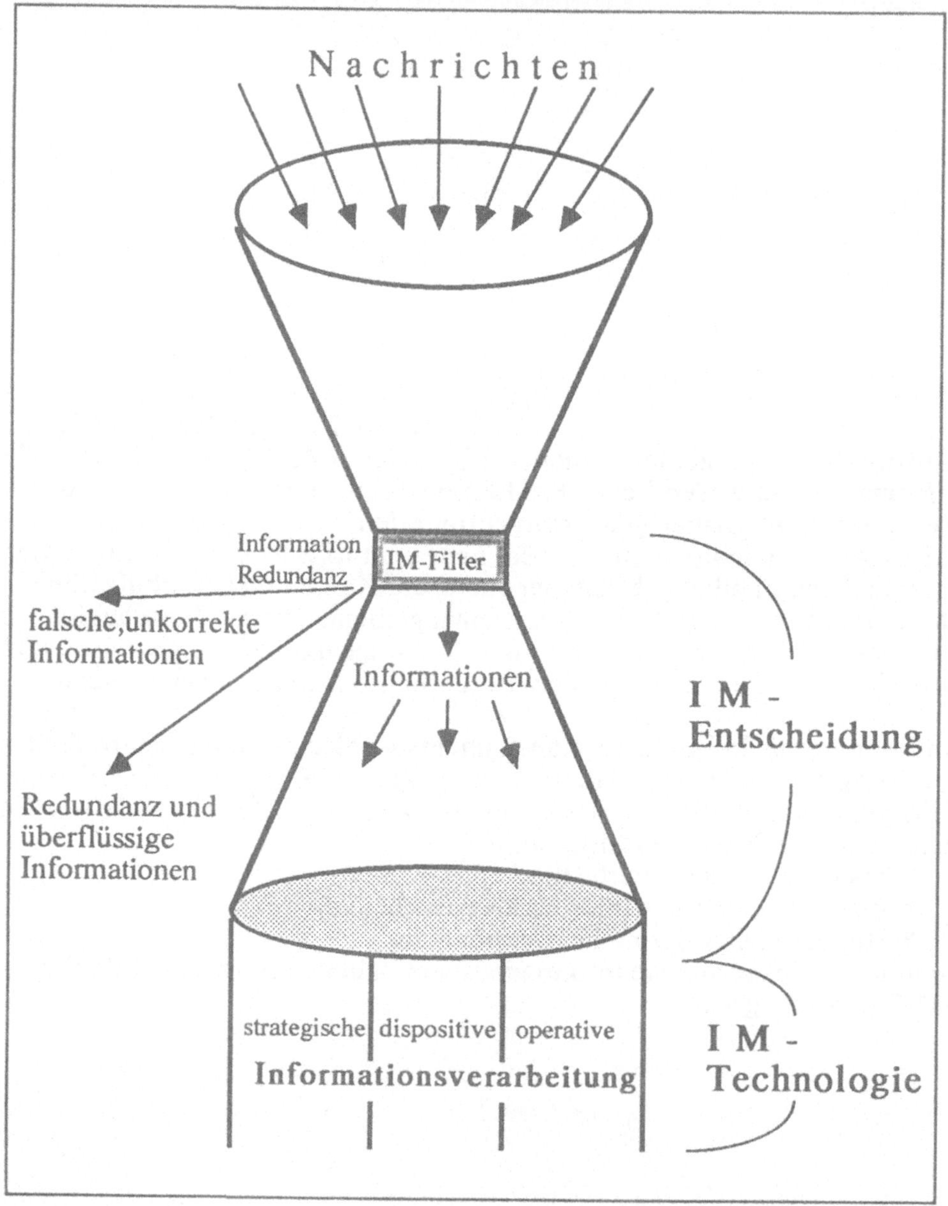

Bild 2.2: IM-Entscheidung und IM-Technologie unter Einsatz des IM-Filters

2.4 Allgemeine Voraussetzungen des Informationsmanagements

Zielgerichtetes und wirtschaftliches Informationsmanagement erfordert eine funktionsfähige und festgeschriebene Aufbau- und Ablauforganisation (siehe Kapitel 2.4.1) sowie eine gezielte Informations-Administration zur Verwaltung von Information auf sämtlichen Unternehmensebenen (siehe Kapitel 2.4.2). Weiterhin ist eine auf neuester Technologie basierende Unternehmens-Kommunikation, auch unter Berücksichtigung des Informationsflusses einschließlich der benötigten Informationsintensität (siehe Kapitel 2.4.3) und eine auf die eingesetzte IM-Technologie abgestimmte Informationsspeicherung (siehe Kapitel 2.4.4) wichtig. Schließlich ist eine umfassende Informationssicherung und ein abgestufter Informationsschutz einschließlich Schutzkategorien (siehe Kapitel 2.4.5) vorzusehen. Erst wenn diese allgemeinen Voraussetzungen bestehen bzw. geschaffen sind, ist die Basis für ein erfolgreiches Informationsmanagement gegeben.

2.4.1 Aufbau- und Ablauforganisation

Die unternehmens- bzw. betriebsspezifische Aufbauorganisation ist in Form eines **Organisationsplanes/Organigramms**, in dem die wesentlichen Funktionsbereiche bis zur Abteilungs-/Team-Ebene festgelegt sind, darzustellen. Eine Erweiterung des Organisationsplanes zu einem Stellenplan/Stellenbesetzungsplan ist für eine weitergehende Organisationsuntersuchung zweckmäßig.

Wichtig für die Vorbereitung, den Aufbau und die laufende Überprüfung des Informationsmanagements ist eine möglichst umfassende Aufgabenbeschreibung der Abteilungen/Teams mit dem jeweiligen Informationsbedarf. Hieraus werden wichtige Forderungen an das Informationsmanagement abgeleitet. Als Erweiterung für eine konsequente Organisationsarbeit sind **Aufgabenkataloge und Stellenbeschreibungen** sinnvoll. Diese Unterlagen bilden die Voraussetzung für organisatorische Anpassungsmaßnahmen an die jeweilige betriebliche Entwicklung - wie bereits im Produktionsbereich üblich - .
Ebenso unverzichtbar sind festgeschriebene Regelungen der Aufgabenweitergabe und Informationsübermittlung zwischen **Stellen, Teams, Abteilungen und Bereichen** für den Aufbau und die funktionsgerechte Aufrechterhaltung des Informationsmanagements.

Diese Regelungen können letztlich dazu führen, daß gewachsene Organisationsstrukturen neu überdacht sowie die eingesetzten Hilfsmittel und die bisherige Arbeitsweise verändert werden müssen. Voraussetzungen dafür sind **Tätigkeitsbeschreibungen** mit der Darstellung der festgelegten Anweisungs-, Abstimmungs- und Informationswege.

Für die **Aufbauorganisation** gelten folgende Grundsätze:

1. Die Aufbauorganisation muß klar, einfach und übersichtlich sein.
2. Das Informationsbedürfnis muß optimal befriedigt werden, d. h.
   o so wenig wie möglich,
   o so ausreichend wie nötig,
   o so schnell wie erforderlich.
3. Verantwortungen und Vollmachten sowie Aufgaben und Fähigkeiten müssen eine organisatorische Einheit bilden und aufeinander abgestimmt sein, d. h.
   o den richtigen Mitarbeiter an den richtigen Platz,
   o jede Aufgabe für den richtigen Mitarbeiter.
4. Planende und ausführende Arbeiten sind unbedingt von kontrollierenden Tätigkeiten zu trennen.
5. Der Planung und Ausführung haben Kontrollen und bei Bedarf Revision zu folgen.
6. Die Organisation muß dem ökonomischen Prinzip untergeordnet sein.

Die **Ablauforganisation** ist unter Berücksichtigung der nachfolgenden Leitsätze [4] zu gestalten:

1. Die Ablauforganisation ist an den Regelfällen auszurichten.
2. Die einzelnen Tätigkeiten eines Arbeitsablaufes sind dem Arbeitsfluß entsprechend anzuordnen und so nah wie möglich zusammenzulegen.
3. Die Anzahl der Einzeltätigkeiten/Arbeitsschritte innerhalb eines Arbeitsablaufes sind soweit wie möglich zu minimieren.
4. Die Anzahl der zu verarbeitenden Informationen sind so gering wie möglich zu halten.
5. Die Arbeitsplätze sind mit den geeigneten Hilfsmitteln auszustatten, wobei das Kriterium zur Auswahl dieser Hilfsmittel ihr optimaler Einsatz zur Steigerung der Wirtschaftlichkeit und der Humanität darstellen soll. Die Arbeitsplätze sind so zweckmäßig wie möglich zu gestalten.
6. Die Arbeit ist nach qualitativen Gesichtspunkten zu verteilen.
7. Der Personalbedarf ist am normalen Arbeitsumfang auszurichten und so optimal/gering wie möglich zu bemessen.
8. Zur Beurteilung der Arbeitsleistung der Mitarbeiter sollte eine ständige Kontrolle als PLAN-IST-Vergleich erfolgen.
9. Die Ablauforganisation ist personen-unabhängig zu gestalten.

---

4) Meyer und Stopp, Organisationslehre..., S. 128

2.4.2 Informations-Administration

Ein funktionsfähiges und aufgabenorientiertes Informationsmanagement erfordert die zeitgerechte und bedarfsorientierte Informationsversorgung sämtlicher betrieblicher Stellen und Einheiten. Voraussetzung dafür ist die Festlegung des Informationsbedarfs der betroffenen Stellen im Unternehmen nach **operativen, dispositiven und strategischen Informationen.**

Weiterhin ist die Informationsverwertung - Zweck der Informationsversorgung - festzustellen. Sämtliche Festlegungen der Informationsversorgung sind laufend zu überprüfen und als Informations-Administration fortzuschreiben:
   - *Wer* erhält *wann welche* Informationen *wofür ?* -

Eine erfolgreiche Informations-Administration kann nur unter aktiver Beteiligung des Informations-Nutzers durchgeführt werden. Weitere Ausführungen zur Administration sind im Kapitel 4.2 dargestellt.
Durch eine Kommunikationsanalyse sind der Informationsbedarf und die Informationsintensität sowie die externen und internen Kommunikationspartner sowie die unterschiedlich genutzten Kommunikationsarten zu ermitteln. Unter Kommunikationsarten werden hier Daten-, Text-, Grafik-, Bild- oder Sprach-Kommunikation verstanden.

2.4.3 Kommunikations-Technologie

Auf der Basis der Ergebnisse einer Kommunikationsanalyse werden Anforderungen an die **Daten-, Text-, Grafik-, Bild** und **Sprach-Kommunikation** festgelegt. Nunmehr kann die Auswahl der benötigten Kommunikations-Technologie aufgabenorientiert erfolgen. Die Kommunikations-Technologie unterstützt den Integrationsprozeß im Unternehmen und beeinflußt diesen positiv. Die Strukturen der Aufbauorganisation dürfen keine unüberwindbaren Grenzen im Unternehmen bilden.
Ohne die gewachsene Aufbauorganisation zu verändern, ist es durch die Kommunikations-Technologie möglich, die bisherigen Verfahrensabläufe (Ablauforganisation) entsprechend der neuen Anforderungen neu zu gestalten. Auch hierfür gilt der Grundsatz:

Besser agieren als nur reagieren !

Der Einsatz der Kommunikations-Technologie muß zu Veränderungen der Organisationsstrukturen führen, wenn dadurch die Wettbewerbsfähigkeit des Unternehmens gestärkt wird. Ziel der Kommunikations-Technologie muß es sein, das Sammeln und Aufbereiten sowie das Verteilen von Informationen zum richtigen Zeitpunkt an den richtigen Ort im Unternehmen zu unterstützen.

Für den Einsatz einer erfolgreichen Kommunikations-Technologie ist ein klares, aufgabenorientiertes Vorgehen mit den Stufen
- unternehmensspezifische Erfolgsfaktoren festlegen
- Informations-Strategie ableiten
- zweckmäßige Kommunikations-Technologie auswählen
- Organisationsstrukturen anpassen
zu entwickeln.

> Eine dialog-orientierte Informationsverarbeitung kann nicht auf der Basis einer batch-orientierten Organisationsstruktur eines Unternehmens erfolgen.

2.4.4 Informationsspeicherung

Die Informationsspeicherung ist als Hilfsmittel der eingesetzten Kommunikations-Technologie zu betrachten. Informationen müssen für eine spätere Weitergabe und Verarbeitung gesammelt und gespeichert werden. Jede Speicherung ist aber nur dann als effizient zu bezeichnen, wenn die Suche und der Zugriff auf die abgelegten Informationen schnell, ohne Umwege und aufgabenorientiert erfolgen kann. Schließlich muß es mit der Informationsspeicherung möglich sein, große Datenmengen zu verknüpfen und diese zu archivieren.

Die Informationsspeicherung muß einerseits dem Stand der Technik (Speicher-Technik) entsprechen und andererseits die Speicherung der Daten sowohl *zentral am Ort der Informationsverarbeitung* - zentrale Datenbanken - als auch *dezentral am Ort der Informationsverwertung* - verteilte Datenbanken - ermöglichen.

Die Informationsspeicherung muß möglichst flexibel gestaltet sein, um sich jederzeit des veränderten Informationsbedarfs und der veränderten Informationsverwertung - aber auch der weiterentwickelten Speicher-Technik - anpassen zu können. Sie darf keine organisatorische oder technische Barriere für eine zielorientierte Informationsverarbeitung sein.

2.4.5 Informationssicherung und Informationsschutz

Es wird davon ausgegangen, daß die gesetzlichen Bestimmungen und Vorschriften, wie z.B. das Bundesdatenschutzgesetz, Grundsätze ordnungsgemäßer Datenverarbeitung, beachtet werden und daher hier nicht weiter behandelt werden müssen. Nähere Einzelheiten zu diesem Thema sind u.a. im BDSG, GODV, GOS usw. geregelt.

Das korrekte Informationsmanagement, das sämtliche Unternehmens-Hierarchien umfaßt, erfordert die **Sicherung von Informationen** vor Verlust und Verfälschung durch technische Einrichtungen und Kontrollen. Mögliche Denkansätze hierfür bietet die Anlage zu § 6 Abs.1, Satz 1 des BDSG. In dieser Anlage wird auf potentielle Gefahrenpunkte hingewiesen. Die Kontrollen zur Sicherung der Informationen müssen im wesentlichen die Verfahrensabläufe der Daten- und Informationsverarbeitung berücksichtigen. Dazu gehören u.a. auch die Dokumentation des Verfahrens im Fehlerfall sowie die Beschreibung der Datenwiederherstellung.

Der **Informationsschutz** soll verhindern, daß sowohl falsche Informationen als auch ungeprüfte Informationen das Unternehmen erreichen, im Rahmen der operativen Datenverarbeitung bearbeitet werden und somit in den Informationskreislauf gelangen.
Das kann auch unbewußt durch Mißverständnis oder durch falsche Interpretation geschehen, oder aber bewußt z.B. durch "Manipulation" unbequemer Informationen. Es zeigt sich, daß auch hier die Bedeutung der Kontrolle, ob "alle am gleichen Strang ziehen" und ob "alle in der gleichen Richtung ziehen", unbedingt beachtet werden muß. Durch geeignete Prüfungen und Filter muß sichergestellt werden, daß nur korrekte Informationen die Basis der dispositiven und strategischen Entscheidung bilden.

Darüber hinaus ist im Rahmen des Informationsschutzes sicherzustellen, daß keine Informationen den Informationskreislauf unkontrolliert verlassen. Die Informationsnutzung durch den berechtigten Anwender ist in diesem Rahmen zu regeln. Auch hierfür kann die Anlage zu § 6 Abs. 1, Satz 1 BDSG - 10 Anforderungen an den Datenschutz und die Datensicherheit - Ansatzpunkt für eine Regelung sein.
Das Informationsmanagement muß im Rahmen des Informationsschutzes Vorsatz und Fahrlässigkeit bei der Informationsverarbeitung weitgehend ausschalten oder, soweit dieses Ziel unter wirtschaftlichen Gesichtspunkten nicht absolut erreichbar ist, einschränken und kontrollieren.

2.5 Der Informations-Prozeß

Informationen sind zunächst zu beschaffen und bereitzuhalten. Bei Bedarf können diese Informationen zusammen mit bereits vorhandenen Informationen aufgabenorientiert verarbeitet werden. Danach erfolgt deren Bewertung sowie eine funktionsgerechte Bereitstellung dieser bewerteten Information.

Die Informations-Bereitstellung erfolgt auf Anforderung des Benutzers und schließt den Transport von Informationen zum jeweils nutzenden betrieblichen Funktionsbereich ein. Dieser Informationsfluß kann einerseits auf Anforderung des nutzenden betrieblichen Funktionsbereiches, andererseits als Ergebnis der laufenden Informations-Versorgung erfolgen.

Unter einem betrieblichen Funktionsbereich (wie z. B. dem Einkauf) werden   sämtliche Vorgänge (Tätigkeiten / Arbeiten) zusammengefaßt, die für die   Durchführung der festgelegten betrieblichen Aufgaben notwendig sind. Im Rahmen der betrieblichen Tätigkeiten werden Informationen zwischen den   verschiedenen betrieblichen Funktionsbereichen ausgetauscht. Dies erfolgt durch die Transportvorgänge, die den Informationsfluß wie im folgenden Bild dargestellt, zwischen den betrieblichen Funktionen sicherstellen.

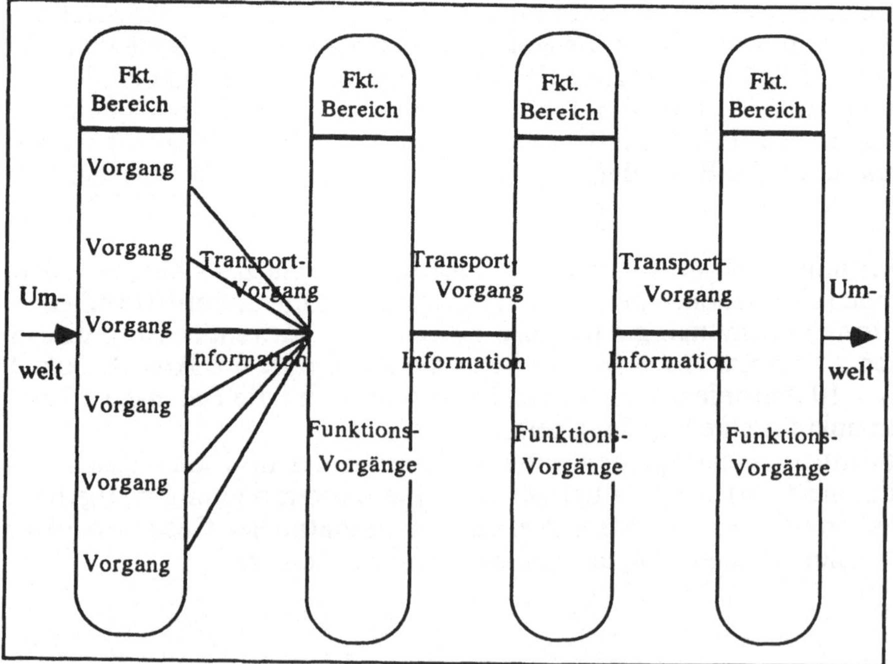

Bild 2.3 Informationsfluß zwischen den betrieblichen Funktionsbereichen

In allen betrieblichen Funktionsbereichen sind sowohl Funktionsvorgänge
- Tätigkeiten - als auch Transportvorgänge - Übermittlungen / Weiter-
leitungen von Nachrichten - anzutreffen. Das soll am nachfolgenden
Beispiel verdeutlicht werden:

Im Funktionsbereich **"Einkauf"** werden aktuelle Informationen über die Lagerbestände,
den Produktionsplan und den Absatzplan beschafft und gesammelt, die optimalen
Bestellgrößen ermittelt und als Bestellungen an die Lieferanten weitergeleitet. Außerdem
werden die Bestell-Daten den Lieferanten-Informationen hinzugefügt sowie an die
Lagerverwaltung und die Arbeitsvorbereitung der Produktion weitergegeben.

In den *funktionalen Vorgängen* finden durch die betrieblichen Tätigkeiten
Veränderungen der Informationen statt. Somit erfolgt eine **Informations-
Bearbeitung.** Die Faktoren, die Informationen verändern können, sind
sowohl innerhalb der funktionalen Vorgänge als auch außerhalb der
funktionalen Vorgänge anzutreffen. Dazu zählen u. a. neue Nachrichten,
veränderte Informationen, Ergebnisse von Tätigkeiten.

Im vorliegenden Beispiel können Faktoren **innerhalb funktionaler
Vorgänge,** die Informationen verändern,
* Änderungen des Produktionsplanes
* Material-Substitutionsmöglichkeiten
* Berücksichtigung neuer Lieferanten
* kurzfristige Absatzplan-Modifikationen
* veränderte Lagerpolitik aufgrund von Rentabilitätsuntersuchungen
sein.
Zu Faktoren **außerhalb funktionaler Vorgänge,** die Informationen
verändern können, zählen u. a.
* Lieferanten-Engpässe bzw. -Unregelmäßigkeiten
* Qualitätsschwankungen beim Material
* Änderung von Währungsparitäten
* verändertes Käuferverhalten
* Veränderung des Mitbewerber-Verhaltens
Transport-Vorgänge dienen *nur* dem **Informations-Transport.**
Hierbei werden keine Informationen verändert. Dieser Sachverhalt wird
durch das Bild 2.4 schematisch veranschaulicht.

Die Summe sämtlicher aufeinanderfolgender, aufgaben-bezogener Vorgänge
wird als **Prozeß** bezeichnet. Jeder Prozeß ist durch einen eindeutigen
Start-Vorgang (z. B. Arbeits-/Produktionsauftrag) und einen
abschließenden End-Vorgang (z. B. Qualitätsprüfung/Abnahme)
gekennzeichnet. Es findet sowohl innerhalb jedes Funktions-Vorgangs als
auch innerhalb jedes betrieblichen Prozesses der Daten - Informations -
Kreislauf statt. Dieser Daten-Informations-Kreislauf ist Basis für das
Informationsmanagement.

Hierbei ist zu berücksichtigen, daß **Daten** immer fix sind und nicht beeinflußt werden können. Sie sind "wertfrei". **Informationen** sind variabel und können durch Bewertung beeinflußt werden.

Auf der Basis dieser Erkenntnisse ist festzustellen, daß Informations-Flüsse durch **Funktions-Vorgänge** (Tätigkeiten) und **Prozesse** (Tätigkeitsfolgen) beeinflußt werden.

Bild 2.4 zeigt, daß eine Bearbeitung von Information nur innerhalb von Funktions-Vorgängen stattfindet. In Transport-Vorgängen findet keine Informations-Bearbeitung statt.

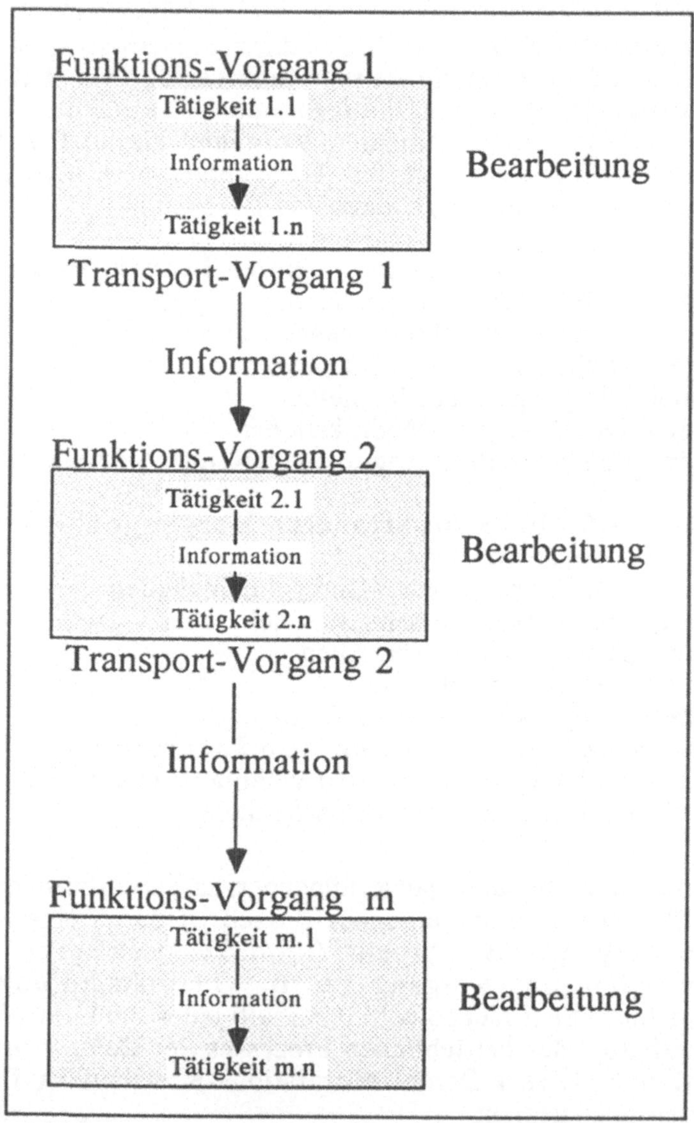

Bild 2.4 Informations-Bearbeitung und Informations-Transport in einem Funktionsbereich

Bei dieser Betrachtung ist zu berücksichtigen, daß der Daten - Informations - Kreislauf nicht nur auf das Unternehmen begrenzt bleiben darf. Es müssen vielmehr auch Informationen aus der Umwelt des Unternehmens in das Informations-Modell einbezogen werden. Diese externen Informationen sind entsprechend zu beschaffen, aufzubereiten, zu bewerten und bereitzustellen bzw. zu bearbeiten. Gleichermaßen gibt das Unternehmen auch Informationen an seine Umwelt ab. Diese Informations-Abgabe darf nicht ungeplant und unkontrolliert erfolgen. Die abzugebenden Informationen unterliegen ebenfalls einem Bearbeitungs- und Steuerungs-Prozeß [5].

2.6 Entscheidungskriterien für das Informationsmanagement

Bei der Einführung des Informationsmanagements sind folgende Entscheidungskriterien zu berücksichtigen:
- Unternehmensziele
- Wirtschaftlichkeit des Informationsmanagements
- Management des Unternehmens
- Restriktionen für das Informationsmanagement

Dabei können als Hilfsmittel Entscheidungsmodelle, -theorien wie z.B. lineare Programmierung und andere Verfahren des Operations Research eingesetzt werden. Im folgenden sollen diese Kriterien näher betrachtet werden.

2.6.1 Unternehmensziele

Von grundlegender Bedeutung sind die primären Unternehmensziele. Darüber hinaus sind die für sämtliche organisatorischen Einheiten abgeleiteten strategischen, dispositiven und operativen Ziele zu berücksichtigen. Sollte dieses Zielsystem nicht vorhanden sein, muß es erstellt werden [6]. Die Gesamtheit der primären Unternehmensziele und der daraus abgeleiteten strategischen, dispositiven und operativen Ziele der Unternehmenseinheiten ist als **Zielsystem** zu bezeichnen.

---

5) siehe hierzu auch Kapitel 9.4
6) Beispiele für Unternehmensziele sind in Kapitel 9.1 aufgeführt

Ausgangsbasis für das Informationsmanagement ist immer die Festlegung der Ziele für das gesamte Unternehmen. Dies kann durch einen Zielsetzungsprozeß erfolgen, der nachfolgend dargestellt ist [7] :

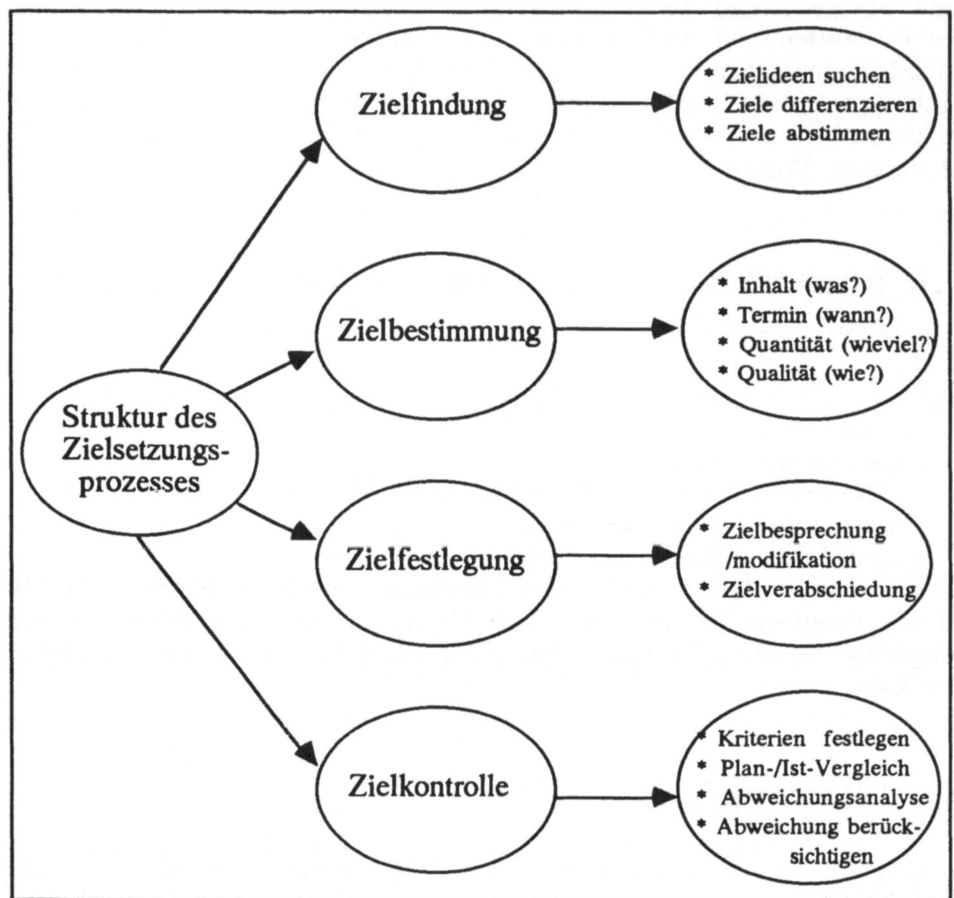

Bild 2.5: Zielsetzungsprozeß

Dieser Zielsetzungsprozeß gilt durchgängig für sämtliche Unternehmens- ebenen. Bei der abschließenden Formulierung der *operationalen Ziele* muß beachtet werden, daß **jedes Ziel zu einem Ergebnis** führen muß, das kontrollierbar, d. h. meßbar, ist. Das Ziel sollte daher mindestens in qualitativer (auch wertmäßiger), quantitativer und terminlicher Hinsicht genaue Angaben enthalten.

7) Vgl. Spitschka und Joschke, Organisation..., S. 237

Die **Zielkontrolle** schließt sachlich und personell den Zielsetzungsprozeß ab. Sie setzt in der Regel die Anwendung umfangreicher Planungs- und Kontrollmechanismen voraus. Dazu dienen Planungs- und Kontrollmechanismen, wie sie besonders im Management und in der Betriebswirtschaftslehre entwickelt wurden (z. B. Operations Research, Plan-/Ist-Vergleiche).

Aus den einzelnen - operationalen - Zielen müssen in allen Teilbereichen Einzelpläne erstellt, festgelegt und nach ihrer Realisierung kontrolliert werden. Die Aufstellung und Kontrolle der Einzelpläne (z.B. Beschaffungsplan, Produktionsplan, Lagerplan, Absatzplan, Werbeplan) und deren Zusammenfassung im Finanz- und Erfolgsplan ist von Bedeutung. Ablauf- und Projektpläne (Netzplantechnik) sowie Prognosetechniken mit ihren mathematisch-statistischen Verfahren gehören auch hierher. Sie können an dieser Stelle nicht detailliert dargestellt, sondern nur beispielhaft nach Bereichen aufgezählt werden:

* Produkt- und Absatzplanung,
* Entwicklungs- und Fertigungsplanung
  (Programm- und Ablaufplanung),
* Bedarfs- und Beschaffungsplanung,
* Erfolgsplanung auf Basis der Ertrags- und Kostenplanung,
* Budget- und Finanzplanung,
* Organisationsplanung zur Strukturierung zukünftiger Aufgaben.

Die Kontrollmechanismen spiegeln im wesentlichen den Planungsbereich wider. Die hierbei angewandten Techniken [8] können z.B.

* Ermittlung der Ist-Werte,
* Plan-Ist-Vergleich,
* Analyse der Abweichungen,
* Auswertung der Abweichungen

sein.

Aus den Grundsätzen zur Ablauforganisation (siehe Kapitel 2.4.1) wird die Notwendigkeit, Kontrollen möglichst kurzfristig vorzunehmen, um Abweichungen schnell zu erkennen und Anpassungen umgehend durchführen zu können, abgeleitet. Das Informationsmanagement und ein systematisch ausgebautes Berichtswesen sind hierfür wichtige Hilfen (Controller-Organisation).

---

8) Spitschka und Joschke, Organisation..., S. 238

Für einen praktikablen Zielsetzungsprozeß wird wie in der folgenden Darstellung empfohlen, von maximal 4 - 6 strategischen Unternehmenszielen auszugehen. Dabei sind diese Ziele schrittweise abzugleichen und die Gemeinsamkeiten festzulegen.

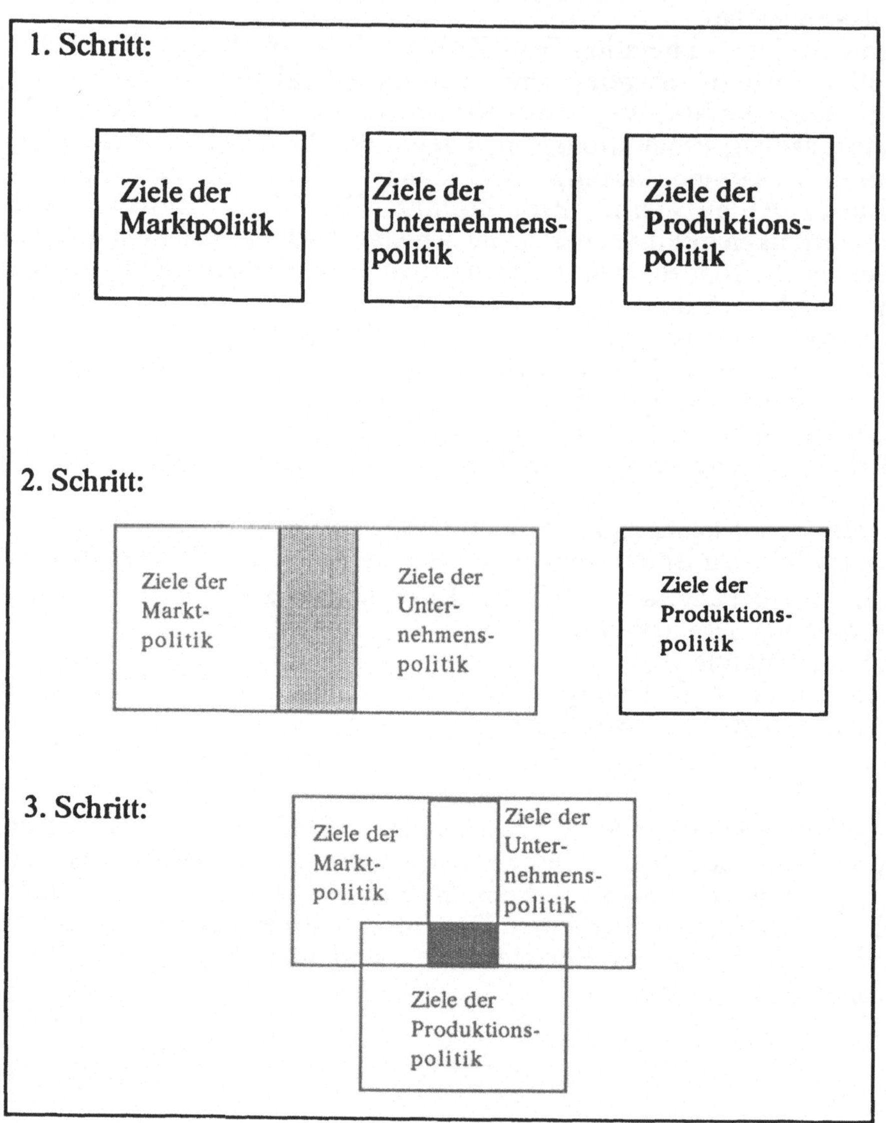

Bild 2.6: Abgleich / Festlegung konkurrierender Ziele

Nach Mertens und Plötzeneder [9] können die Beziehungen zwischen
mehreren Zielen anhand folgender Fragen analysiert werden:
  * Sind Ziele komplementär, indifferent oder konkurrierend?
  * Handelt es sich bei diesen Zielen um Ober-, Zwischen- oder
    Unterziele?
  * Welches ist das Hauptziel und welche sind die Nebenziele?
Im Gegensatz zu komplementären Zielen sind konkurrierende Ziele dadurch
gekennzeichnet, daß die Erfüllung eines Zieles die Erreichung des anderen
Zieles hemmt bzw. verhindert.
Diese Vorgehensweise verhilft dem Unternehmen zu einer **harmonischen
Ziel-Komposition** auf der strategischen Unternehmensebene, die
unabdingbare Voraussetzung für einen erfolgreichen Zielsetzungsprozeß ist.
Die auf diese Weise abgeleiteten strategischen Unternehmensziele sind
nunmehr weiter zu untergliedern und zu bewerten. Es entsteht ein
hierarchisch strukturierter Zielbaum für den strategischen Unternehmens-
bereich (siehe Bild 2.7). Als Hilfsmittel bietet sich das *Verfahren zur
Entwicklung von Strukturbäumen / Entscheidungsbäumen* an.

Ein vollständiges, unternehmensspezifisches **Zielsystem** entsteht,
ausgehend von den primären Unternehmenszielen, aus der Ableitung der
Ziele für strategisches, dispositives und operatives Handeln. Dabei
entspricht strategisches Handeln den Unternehmenszielen, dispositives
Handeln den Bereichs-/Abteilungszielen und operatives Handeln den
Stellenzielen.
Dieses **Zielsystem** wird erst mit der Übertragung auf sämtliche
Organisationseinheiten des Unternehmens funktionsfähig. An diesem
hierarchisch strukturierten **Zielsystem** haben sich alle Entscheidungen zur
Einführung   des   Informationsmanagements   zu   orientieren.
Selbstverständlich muß das Zielsystem entsprechend neuen Erkenntnissen
überprüft, fortgeschrieben bzw. verändert werden, damit die Dynamik des
Unternehmens gewährleistet bleibt, **denn Ziele wandeln sich,
Organisationsstrukturen bleiben.** Ein derartiges Zielsystem erhält
seine Dynamik durch eine **wissengestützte,   modellhafte
Fortschreibung** [10].

---

9) Vgl. Mertens und Plötzeneder, Programmierte Einführung..., S. 63ff
10) siehe hierzu Kapitel 8.3 - "Expertensystem" für das Informationsmanagement

Bild 2.7 stellt ein Beispiel eines hierarchisch strukturierter Zielbaumes für den strategischen Unternehmensbereich dar. Die Ziele werden dabei prozentual gemäß ihrer Bedeutung gewichtet.

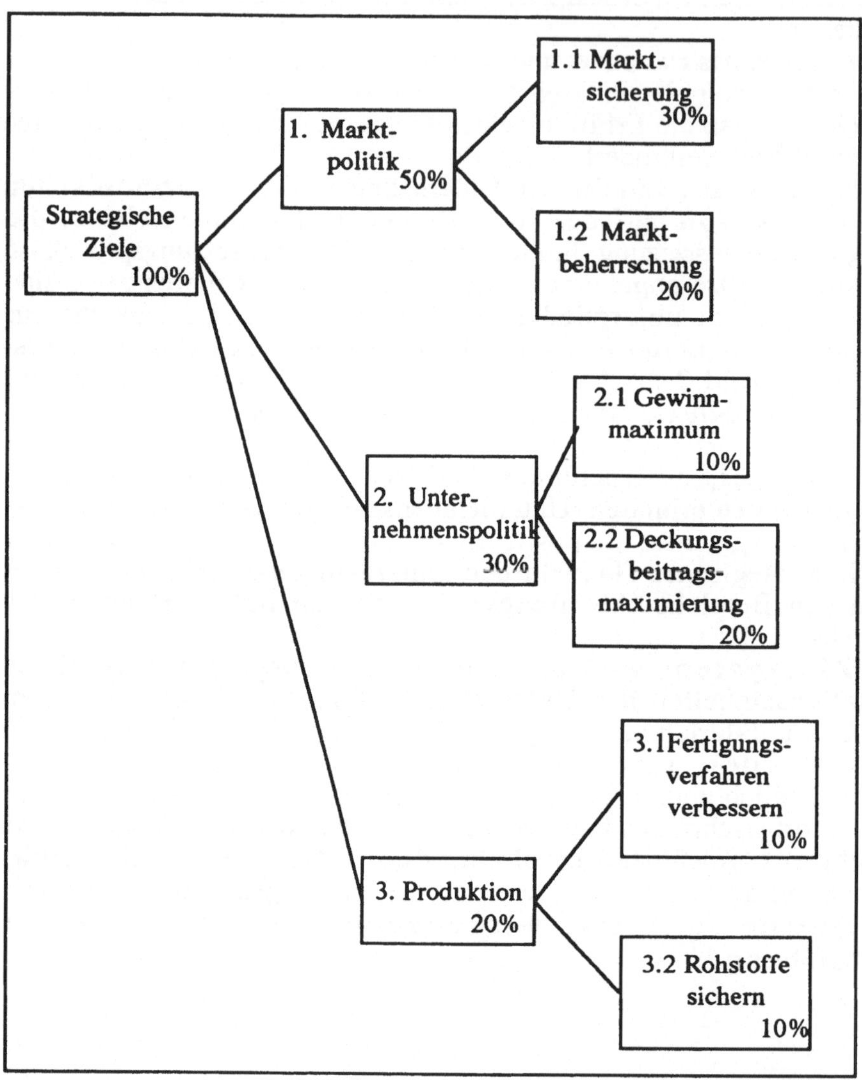

<u>Bild 2.7</u>: Beispiel einer Zielhierarchie im strategischen Bereich (Strukturbaum)

2.6.2 Wirtschaftlichkeit

Für die Einführung des Informationsmanagements sind die Regeln der
Wirtschaftlichkeit zu berücksichtigen. Diese Wirtschaftlichkeitsüber-
legungen müssen allerdings langfristig angelegt werden, da ein erfolgreich
eingeführtes IM-Konzept meist erst langfristig zu wirtschaftlichem Erfolg
für das Unternehmen führt. Eine Kosten-Nutzen-Betrachtung ist ein
möglicher Ansatz zur Wirtschaftlichkeitsbeurteilung eines IM-Konzeptes
und sollte die Entscheidungsfindung unterstützen.
Die Einführung eines Informationsmanagement-Konzeptes ist eine
Investition, die Kosten verursacht. Die notwendige Wirtschaftlichkeits-
prüfung muß die Kriterien
   * Rentabilität des eingesetzten Kapitals
   * Kosteneinsparungen
   * qualitative Verbesserungen der Ablauforganisation
   * nicht quantifizierbarer Nutzen
einbeziehen.

Dabei ist zu berücksichtigen, daß die Einführung eines Informationsmanagement-Konzeptes ein langfristiger Prozeß ist, der abschnittweise
realisiert werden muß. Deshalb werden in unterschiedlichen Perioden
Kosten verursacht. Der Nutzen tritt ebenfalls zeitversetzt ein. Es ist somit
verantwortungsbewußt gehandelt, wenn sowohl vor und während der
Einführung ("ex-ante-Prüfung") als auch nach der Realisierung ("ex-post-
Prüfung") des IM-Konzeptes Wirtschaftlichkeitsbetrachtungen
durchgeführt werden. Darüber hinaus muß die Liquidität, d.h. die
Verfügbarkeit des benötigten Kapitals im Planungsbereich vorgesehen und
laufend überprüft werden.
Investitionsentscheidungen für die Einführung des Informationsmanagements müssen ebenso behandelt werden wie Investitionsentscheidungen für die technische Ausstattung. Einige wesentliche
finanzwirtschaftliche Ausführungen sollen dies verdeutlichen.

Die *"Rentabilität des eingesetzten Kapitals"* und die *"Kosteneinsparungen"*
können u.a. mit der Technik des "Internen Zinsfusses" beurteilt werden.
Diese Technik ermöglicht es, eine Investition die über einen Zeitraum
erfolgen muß, in ihrer Wirtschaftlichkeit zu überprüfen.
Wöhe führt zur Methode des internen Zinsfußes aus:
" Diese Methode arbeitet mit der Voraussetzung, daß bei quantitativen und
zeitlichen Unterschieden der Zahlungsströme der zu beurteilenden
Investition die Überschüsse zum jeweiligen internen Zinsfuß angelegt
werden." [11]

---

11) Wöhe, Allgemeine Betriebswirtschaftslehre..., S. 371

Obwohl diese Methode wegen der Gefahr der Mehrdeutigkeit ihrer Lösungen stark angezweifelt wurde, kommt Kilger [12] nach Wöhe zu dem Ergebnis, daß bei isoliert durchführbaren Investitionen, bei denen die Ausgaben vor den Einnahmen liegen und eine Zwischenanlage von Einnahmeüberschüssen nicht erfolgt, weder eine Zwischenanlage zum internen Zinsfuß unterstellt werden kann, noch eine Mehrdeutigkeit der Lösungen auftritt.

Voraussetzung der Methode des " Internen Zinsfusses " ist die Kenntnis der notwendigen Ausgaben und der erwarteten Einsparungen/Einnahmen mit ihrem zeitlichen Anfall während der Gesamtnutzungsdauer. Dabei wird immer mit Bargeld gerechnet. Kalkulatorische Werte wie z.B. Afa oder Wertminderungen bleiben unberücksichtigt.

Die bisherigen Aussagen sollen, um dieses Verfahren zu verdeutlichen, an einem Beispiel einer Informationsmanagement-Investition näher erläutert werden. Gerechnet wird mit der Zinseszinsformel [13] :

$$Ko = Kn \times \frac{1}{(1 + \frac{p}{100})^n}$$

Ko = Kapital zum Zeitpunkt 0 (Bezugszeitpunkt)
Kn = Kapital nach " n " Jahren
p = Zinsfuß in %
n = Anzahl Jahre der Gesamtnutzungsdauer

Beispiel :
Für eine Informationsmanagement-Investition von DM 1.000.000,-- werden folgende *Kosteneinsparungen* erwartet :

nach 2 Jahren	180.000,-- DM
nach 4 Jahren	410.000,-- DM
nach 5 Jahren	800.000,-- DM
Summe :	1.390.000,-- DM

Es werden nach 5 Jahren *Kosteneinsparungen* von insgesamt DM 1.390.000,-- erwartet.

12) Kilger, Kritik..., S. 765f
13) Vgl. Kosiol, Finanzmathematik, S. 196

Durch Probieren soll der interne Zinsfuß ermittel werden, der der Summe der abgezinsten Rückzahlungen dem investierten Kapital entspricht.
Der jeweilige Abzinsungsfaktor wird der Zinsfuß-Tabelle entnommen.

1. Versuch : $p = 12\ \%$

Rückzahlung (Zeitwert)	Zeit (Jahre)	Abzinsungs- faktor bei $p = \ldots\ \%$	Abgezinster Wert (Barwert)	investiertes Kapital
180.000,--	2	0,797	143.460,--	
410.000,--	4	0,636	260.760,--	
800.000,--	5	0,567	453.600,--	

Summe der Barwerte :   857.820,--   <   1.000.000,--

Der angenommene Zinsfuß von 12 % **ist zu hoch.**

2. Versuch : $p = 6\ \%$

180.000,--	2	0,890	160.200,--
410.000,--	4	0,792	324.720,--
800.000,--	5	0,747	597.600,--

Summe der Barwerte : 1.082.520,--   >   1.000.000,--

Der angenommene Zinsfuß von 6 % **ist zu niedrig.**

3. Versuch : $p = 8\ \%$

180.000,--	2	0,857	154.260,--
410.000,--	4	0,735	301.350,--
800.000,--	5	0,681	544.800,--

Summe der Barwerte : 1.000.410,-- $\approx$ 1.000.000,--

Die erwartete gesamte *Kosteneinsparung* in Höhe von DM 1.390.000,-- nach 5 Jahren entspricht einer Verzinsung des investierten Kapitals von DM 1.000.000,-- in Höhe von **8 %** .

Zusätzlich zu den monetären Wirtschaftlichkeitskriterien einer IM-Investition muß auch der *nicht-monetäre Nutzen* beurteilt werden. Allein auf Grund eines *nicht-monetären Nutzens* kann bereits eine Entscheidung für eine IM-Investition erfolgen.

Die "qualitativen Verbesserungen" und der "nicht quantifizierbare Nutzen"
können z.B. mit der Technik der **Nutzwert-Analyse** beurteilt werden.
Diese Technik ist ein Verfahren zur Erfassung und Bewertung
multidimensionaler, nichtquantifizierbarer Kriterien, die auch für
Informationsmanagement-Entscheidungen gilt.

Die **Nutzwert-Analyse** wird in folgenden Schritten angewandt:
1. Es werden die wesentlichsten und wichtigsten nichtquantifizier-
   baren Kriterien festgelegt.
2. Nunmehr werden für jedes dieser Kriterien, möglichst von
   unterschiedlichen Benutzer-/Interessentengruppen, die Gewichtungsfaktoren bestimmt.
3. Die verschiedenen Benutzer-/Interessentengruppen beurteilen
   nach einer festgelegten Werteskala jedes nichtquantifizierbare
   Kriterium der alternativen IM-Investitionen, evtl. nach dem
   arithmetischem Mittel (Bewertungspunkte).
4. Die endgültige Beurteilung jedes Kriteriums erfolgt durch
   die Multiplikation der Bewertungspunkte (Zif. 3) mit den
   Gewichtungsfaktoren (Zif. 2).
   Ergebnis:
   Es ist diejenige Alternative relativ am günstigsten, die die höchste
   Gesamtpunktzahl erhalten hat.
   Als Erweiterung der Nutzwert-Analyse kann der Wirtschaftlichkeits-
   koeffizient ermittelt werden.
5. Der Koeffizient (Wirtschaftlichkeitskoeffizient) aus den
   Summen der Gewichtungsfaktoren und der Kriterienbeur-
   teilungen für sämtliche nichtquantifizierbare Kriterien
   ergibt entsprechend der festgelegten Werteskala (aus Zif. 3)
   die zu erwartenden Verbesserungen.
   Dabei bedeutet z.B.
   Wirtschaftlichkeitskoeffizient = 0   => **keine Verbesserung**
   Wirtschaftlichkeitskoeffizient = 3   => **erhebliche Verbesserung**
   gegenüber der augenblicklichen Situation.

Zur Beurteilung der Wirtschaftlichkeit [14] können verschiedene Techniken
angewandt werden. Von Bedeutung für den jeweiligen Einsatz dieser
Techniken sind Kriterien wie z.B. die Anzahl der Ziele und deren
Meßbarkeit.

---

14) Weitere Ausführungen zu Kosten und Nutzen des Informationsmanagements sind in
    Kapitel 7 dargestellt.

2.6.3 Management

Ein weiteres Entscheidungs- und Beurteilungskriterium für die
IM-Einführung bildet die Tatsache, in welchem Umfang das Management
des Unternehmens die Ergebnisse des Informationsmanagements für seine
Aufgaben
* Entscheidungsvorbereitung
* Entscheidungsfindung
* Entscheidungssicherung
* Entscheidungskontrolle
* Führungsstil
* Delegation von Verantwortung
* Delegation von Kompetenz
* Kontrolle delegierter Aufgaben

nutzt.

Das schrittweise eingesetzte Informationsmanagement eröffnet dem
Management neue Möglichkeiten und Qualitäten im Entscheidungsbereich.
Besonders durch die Ergebnisse der strategischen Informationsverarbeitung
wird der Entscheidungsbereich durch zusätzliche Informationen abgesichert.
Entscheidungen unter Unsicherheit oder risikobehaftete Entscheidungen
nehmen in dem Maße ab, wie die strategischen Informationen aus dem
Unternehmen und dem Umfeld des Unternehmens zunehmen.

Im gleichen Maße in dem sich das Unternehmens-Management aus dem
Bereich der operativen und dispositiven Entscheidungen lösen kann,
entstehen *Freiräume* für die Delegation von Verantwortungen und
Kompetenzen an die nachrangigen Managementebenen. Dieses Vorgehen
schafft die Grundlage einerseits für neue Führungsformen und andererseits
für mehr Anerkennung und Wertschätzung/Wertgefühl auf der
Delegationsebene. Hierdurch wird die nicht-monetäre Motivation sämtlicher
Unternehmens-Ebenen gesteigert.

2.6.4 Restriktionen

Für die Einführung des Informationsmanagements sind einige grundsätzliche Rahmenbedingungen aufzuzeigen, die sich auch als Hemmnisse auswirken können. Diese Hemmnisse sind als **externe und interne Restriktionen** zu unterscheiden und zu berücksichtigen (vgl. Bild 2.8). Sie können **organisatorische-, zeitliche-, personelle- oder finanzielle Ursachen, ja sogar politische Ursachen** haben.

RESTRIKTIONEN	
e x t e r n	**i n t e r n**
* gesetzliche Vorschriften (Handels- und Steuerrecht, Daten- schutzgesetz u.a.)	* aufbau- und ablauforganisatorische Gegebenheiten
* technologischer Entwicklungsstand	* Mitarbeiterpotential
* branchenspezifische Regelungen	* persönliche Akzeptanz
* Verfügbarkeit öffentlicher Netze	* technische Ausstattung
* Verfügbarkeit von öffentlichen Informationen	* Finanzrahmen
* Verfügbarkeit von brauchbaren Informationen	* usw.
* externe Akzeptanz	
* usw.	

<u>Bild 2.8:</u> Externe und interne Restriktionen

Externe Restriktionen:

Gesetzliche Vorschriften können die Speicherung und den Austausch aber auch den uneingeschränkten Zugriff auf Informationen beschränken oder zum Teil verbieten. Hierunter können insbesondere Personen- und Sozialdaten aber auch Finanzdaten und andere besonders gesetzlich geschützte Informationen fallen.

Es können bestimmte Unternehmensbereiche, wie z. B. der Personalbereich, oder gesamte Unternehmen, wie z. B. in der Sozialversicherung, im Gesundheitswesen, im Konkursfall, betroffen sein. Erfassung, Speicherung und Zugriff sowie Austausch von Informationen sind nur unter Berücksichtigung der gesetzlichen Bestimmungen möglich.

Der nichtgefestigte **technologische Entwicklungsstand** oder Vermutungen, daß sich die Technologie gegenüber dem jeweils bestehenden "status quo" noch kurzfristig verbessern läßt, führt zu der Angst, Entscheidungen unter Unsicherheit oder mit nichtabwägbaren Risiken treffen zu müssen. Dies kann dazu führen, daß im Zweifelsfall keine Entscheidung über die Einführung des Informationsmanagements getroffen wird. Die gleichen Auswirkungen können auch fehlende internationale Standards für Hardware und Software sowie Schnittstellen haben. Häufig wird eine Konsolidierung der vorhandenen Technologie abgewartet, bis Entscheidungen in Richtung Informationsmanagement getroffen werden.

Vielfach können auch **branchenspezifische Regelungen**, wie z. B. in der Kraftfahrzeugindustrie oder deren Zulieferindustrie aber auch im Versicherungswesen oder in der Unterhaltungselektronik-Branche üblich, die Einführung und freie Gestaltung des Informationswesens verhindern oder beeinflussen. Diese Regelungen zwingen die Unternehmen zum Einsatz bestimmter Techniken und behindern dadurch möglicherweise eine Entscheidung für eine unbeeinflußte Informationsbeschaffung und Informationsbearbeitung.

Ein weiteres Hemmnis für die Einführung des Informationsmanagements können die unzureichende **Verfügbarkeit öffentlicher Netze** und Übertragungswege sein. Die bekannten Probleme bei der Planung und Einführung von Btx, aber auch die teilweise nutzungshemmende Gebührenpolitik der Deutschen Bundespost waren bisher kein Motivator zur unternehmensübergreifenden Einführung des Informationsmanagements.

Interne Restriktionen

Die bestehenden, starr ausgeprägten **hierarchisch aufgebauten Organisationsformen** vieler Unternehmen und deren **organisatorische Regelungen** können die Einführung des Informationsmanagements unter Umständen erheblich behindern. Die bestehenden ablauforganisatorischen Regelungen, die auf die vergangenheitsbezogenen Bedürfnisse der existierenden Funktionsbereiche zugeschnitten sind, müssen vor der Einführung des Informationsmanagements vollständig überdacht und teilweise neu gestaltet werden. Diese Situation fürchten viele Entscheider, weil damit möglicherweise neue Risiken verbunden sein könnten.

Häufig sind die geeigneten **Mitarbeiter** mit der erforderlichen Ausbildung und den notwendigen Erfahrungen im Unternehmen nicht verfügbar. Diese Mitarbeiter sollten auch in gewissem Umfang risikobereit sein, mit neuen Techniken im Unternehmen Neuland zu betreten. Neue Mitarbeiter mit einem derart umfassenden Anforderungspotential sind am Arbeitsmarkt nicht zu beschaffen. Der Ausweg aus dieser Misere besteht häufig darin, die fähigsten Mitarbeiter in einem langwierigen Prozeß auszubilden und in der Zwischenzeit externe Spezialisten mit der Einführung des Informationsmanagements zu beauftragen. Diese Lösung hat den Vorteil, daß für exakt planbare Kosten nichtbetriebsblinde, erfahrene Spezialisten in einem überschaubaren Zeitraum tätig werden. Die eigenen Mitarbeiter können in der Zwischenzeit an die neuen Aufgaben herangeführt und durch die Zusammenarbeit mit den externen Spezialisten zusätzlich Kenntnisse erhalten und erste Erfahrungen sammeln.

Ein weiteres, nicht zu unterschätzendes Kriterium liegt in der **persönlichen Akzeptanz** des einzelnen Mitarbeiters dem Informationsmanagement gegenüber begründet. Häufig werden aus
* Angst vor dem Neuen
* Angst vor Unterordnung oder Zurücksetzung
* Angst vor Arbeitsplatz-Verlust
* Unwissen über die neuen Möglichkeiten
innere Widerstände aufgebaut, die dann mit ”vermeintlich sinnvollen” Begründungen gegen das Informationsmanagement zum Ausdruck gebracht werden. Trotzdem handelt es sich dabei nur um schlichte Ausflüchte, wie in Bild 2.9 gezeigt.

---

* Dazu haben wir jetzt keine Zeit!
* Der Ansatz ist mir zu theoretisch!
* Bei uns läuft das alles anders!
* Beweisen Sie erst, daß uns dies Vorteile bringt!
* Diese Betrachtungsweise ist mir zu langfristig
  - die Früchte ernte nicht ich, sondern einer
    meiner Nachfolger!
* Mein Chef sieht das alles ganz anders!
* Das hat organisatorische Änderungen zur Folge
  - das gibt Ärger!
* In meinen letzten Berufsjahren reiße ich mir kein
  Bein mehr aus!

<u>Bild 2.9:</u> Beispiele für Äußerungen, die der Einführung des Informationsmanagements
    entgegenstehen

Durch entsprechend vorbereitende und begleitende Maßnahmen, wie z.B. rechtzeitige und umfassende Information oder Mitgestaltungsmöglichkeiten, kann eine Atmosphäre persönlicher Akzeptanz erreicht werden.

Viele Unternehmen haben eine funktionsgerechte **technische Ausstattung**, die zunächst offenkundig den Anforderungen genügt, aber für die Einführung des Informationsmanagements ungeeignet ist. Häufig sind die Einrichtungen zur Informationsübertragung überaltert. Die Geräte der Bürokommunikation sind dadurch, daß diese in unterschiedlichen Zeitperioden und in unterschiedlicher technischer Entwicklungsstufe beschafft wurden, weder kompatibel noch vernetzbar. Die Konsequenz der dargestellten technischen Situation kann sogar einen totalen Austausch der gesamten, betroffenen technischen Ausstattung bedeuten, bevor mit der Einführung der Informations-Technik begonnen werden kann.

Die Anschaffung neuer Geräte, die dem technischen Standard nach für die Aufgaben des Informationsmanagements geeignet sind, führt, bevor der Einsatznutzen und die Wirtschaftlichkeit dieser Investition nachgewiesen sind, zu zusätzlichen Kosten. Häufig sind derartige Kosten in der Finanzplanung nicht vorgesehen. Darüber hinaus ist in den seltensten Fällen die Unterstützung der obersten Führungsebene für diese "scheinbar nicht notwendigen Ausgaben" gegeben.

Diese Restriktionen, die hier nur beispielhaft dargestellt sind, können zu Hemmnissen bei der Einführung des Informationsmanagements führen. Deshalb müssen sämtliche **Restriktionen** während der Vorbereitungs- und Einführungsphase des Informationsmanagements in einem **Katalog festgeschrieben** werden und im Laufe der Umsetzung stufenweise im operativen und dispositiven aber auch im strategischen Handlungsbereich berücksichtigt und abgebaut werden.

2.7 Was ist neu am Informationsmanagement?

Die Informationsverarbeitung der Zukunft wird sich durch die Bewältigung der Aufgaben des zielorientierten Informationsmanagements erheblich verändern. In Bild 2.10 ist im Überblick dargestellt, was das grundsätzlich Neue am Informationsmanagement ausmacht. Eine detaillierte Erläuterung dieser neuen Betrachtungsweise wird im folgenden vorgenommen.

<table>
<tr><td colspan="2"><h1>NEU am Informationsmanagement sind</h1></td></tr>
<tr><td>* die BEURTEILUNG der Information</td><td>- als ein nahezu unbegrenzter ROHSTOFF</td></tr>
<tr><td>* die AUFBEREITUNG der Information</td><td>- als wertvoller PRODUKTIONS-FAKTOR mit strategischer WERTSCHÖPFUNG</td></tr>
<tr><td>* die GESTALTUNG der Information</td><td>- mit Informations-Bearbeitungs-funktionen zum INFORMATIONS-MODELL</td></tr>
<tr><td>* die NUTZUNG der Information</td><td>- Beschaffung durch ZUKAUF
- Auswahl durch BEWERTUNG
- Verteilung durch STEUERUNG
- Planung durch KONTROLLE</td></tr>
<tr><td>* die EINRICHTUNG eines INFORMATION CENTER</td><td>- zur laufenden OPTIMIERUNG der Informations-Nutzung
- zur laufenden UNTERSTÜTZUNG der Informations-Nutzer</td></tr>
</table>

Bild 2.10: Das Neue am Informationsmanagement

Das Informationsmanagement geht von dem Grundsatz aus, daß Information als **Rohstoff** zu betrachten und zu behandeln ist. Demnach können und müssen fehlende Informationen beschafft und für die innerbetriebliche Nutzung möglicherweise behandelt - aufbereitet - werden. Bei dieser Betrachtung kann davon ausgegangen werden, daß Informationen bis zu einem gewissen Grad nahezu unbegrenzt vorhanden sind. Diese Betrachtungsweise ist fundamental neu am Informationsmanagement. [15]

15) Vgl. Henssler, Information-Management..., S. 148

Erst durch die Aufbereitung des Rohstoffes "Information" wird daraus ein wertvoller Produktionsfaktor, der als solcher auch in der Unternehmens-organisation zu berücksichtigen ist. Dieser Prozeß der **strategischen Wertschöpfung** ist der Weg von der Quantität zur Qualität. Erst die gehaltvolle - qualitative - Information kann für das Unternehmen wertvoll sein.

Eine individuelle Informations-Gestaltung in Form eines Informations-Modells ist erforderlich, um Informationen dem Unternehmen nutzbringend zur Verfügung zu stellen. Dazu gehören die unternehmens-individuelle
* Beschaffung
* Aufbereitung
* Speicherung einschließlich Veränderung
* Bewertung
* Bereitstellung

der benötigten Informationen. Diese Forderung kann allerdings nur dann erfüllt werden, wenn die gesamte Informations-Gestaltung geplant ist.

Der Aufbau einer schlagkräftigen Informations-Struktur im Unternehmen kann durch
* Zukauf von Informationen als "Ware"
* Aufnahme freiverfügbarer Informationen
* Trennung der Nachrichten in Informationen und Redundanz
* Bewertung von Informationen
* zielgerechte Steuerung von Informationen
* permanente Informationskontrolle zum Zweck der
  Aktualisierung und der Optimierung der
    - Informationsinhalte
    - Informationsstruktur
    - Informationsveränderung
* Einrichtung eines Information Centers zur individuellen
  Beratung und Unterstützung der Entscheider und der Anwender
* permanente Anpassung an das veränderte Informations-
  und Kommunikationsverhalten der Nutzer
* zielorientierte Nutzung von Informationen unter
  Berücksichtigung der Unternehmensziele und Wirtschaftlichkeit

sichergestellt werden.

Diese Zielsetzungen sind neu in der Informations-Verarbeitung und werden in Zukunft auch die konventionelle Organisationsarbeit stärker beeinflussen.

2.8 Was will Informationsmanagement nicht ?

Mit dem Informationsmanagement soll im Unternehmen **kein** weiteres
Informations-Monster aufgebaut werden. Bei sämtlichen Überlegungen
auf dem Weg zum Informationsmanagement muß davon ausgegangen
werden, daß im Unternehmen bereits umfangreiche Daten vorhanden sind.
Es gilt vielmehr, die *vorhandenen Daten*

* mit dem richtigen Inhalt
* in der richtigen Menge
* zur richtigen Zeit
* am richtigen Platz

zur Verfügung zu stellen. Durch entsprechende Kontrollmechanismen und
Prüfungen müssen **verseuchte Daten**, die z.B. zu Falsch-Informationen,
Halb-Informationen, Alt-Informationen führen können, verhindert werden.
Darüber hinaus können unter Umständen wenige zusätzliche Informationen
- im wesentlichen aus dem Umfeld des Unternehmens - erhoben und in den
Informations-Kreislauf einbezogen werden. Dies kann zu einer erheblichen
Steigerung der gesamten Informationsqualität führen.

Informationsmanagement darf **kein Verkaufargument für neue,
zusätzliche Hardware** sein. Vielmehr gilt es im Rahmen des
Informationsmanagements, die vorhandene informations-technische
Ausrüstung sinnvoll zu nutzen. Möglicherweise wird durch die
konsequente Einführung des Informationsmanagements in der Zukunft ein
Austausch einfunktionaler Kommunikationsgeräte durch mehrfunktionale
Kommunikationsgeräte sinnvoll und wirtschaftlich werden.

Informationsmanagement ist **keine "Spielwiese" für DV-Theoreti-
ker**, aber auch **kein neuer Begriff für veraltete DV-Methoden.**
Durch eine derartige falsche Auslegung würde dem Anliegen des
Informationsmanagements erheblicher Schaden zugefügt. Wesentliche
Denk- und Konzept-Ansätze könnten zerstört werden, bevor der Nutzen für
das Unternehmen eingetreten ist. Statt dessen gilt es, die wesentlichen
Ansätze und Vorarbeiten in Richtung des Informationsmanagements
vorsichtig und gut vorbereitet aber konsequent und mit Unterstützung der
Entscheidungsebene des Unternehmens voranzutreiben.
Grundsätzlich muß berücksichtigt werden, daß mit der Einführung des
Informationsmanagements **keine isolierte Problembewältigung**
möglich wird oder beabsichtigt ist. Vielmehr hat jeder Ansatz und die
Vorbereitung in Richtung Informationsmanagement

* auf den unternehmens-indviduellen Gegebenheiten aufbauend
* mit den Unternehmenszielen abgestimmt
* unter Berücksichtigung der Unternehmensstrategie zielorientiert

zu erfolgen.

Es muß verhindert werden, daß sich die **Datenverarbeitung** im Rahmen der Vorbereitung, der Entwicklung und des Einsatzes des Informationsmanagements **zum leistungs-unfähigen Wasserkopf** entwickelt. Auch künftig muß sich die Datenverarbeitung als Teil des Bereiches "Information und Kommunikation" den Unternehmens-Zielen unterordnen.

Bild 2.11 zeigt zusammenfassend im Überblick, welche Mißverständnisse bei der Bestimmung dessen, was Informationsmanagement ist, ausgeräumt werden müssen.

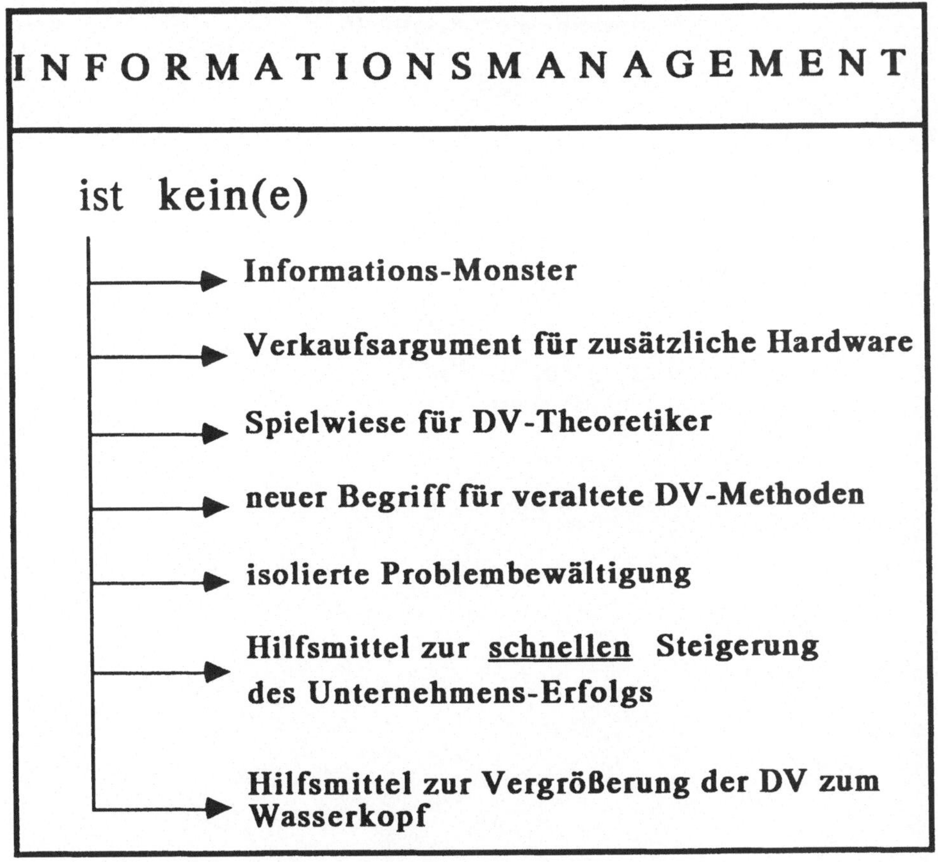

Bild 2.11: Was Informationsmanagement nicht sein sollte

3 Wie wird Informationsmanagement eingeführt?

3.1 Gesamtkonzeption des Informationsmanagements

3.1.1 Konzeptions- und Vorgehensplan für die Einführung des Informationsmanagements

3.1.2 Informations-Bedarf

3.1.3 Informations-Beurteilung

3.1.4 Informations-Flüsse

3.1.5 Informations-Modell

3.2 DV-Unterstützung für die Einführung des Informationsmanagements

3.3 Einführung des Informationsmanagements

Die Einführung des Informationsmanagements im Unternehmen sollte zweckmäßigerweise wie in Bild 3.1 im Überblick dargestellt erfolgen. Dabei sind selbstverständlich zur Unterstützung die erforderlichen Verfahren, Methoden, Hilfsmittel und Werkzeuge einzusetzen, die unternehmensindividuell und unter Berücksichtigung der methodischen und technischen Ausstattung im Unternehmen auszuwählen sind.

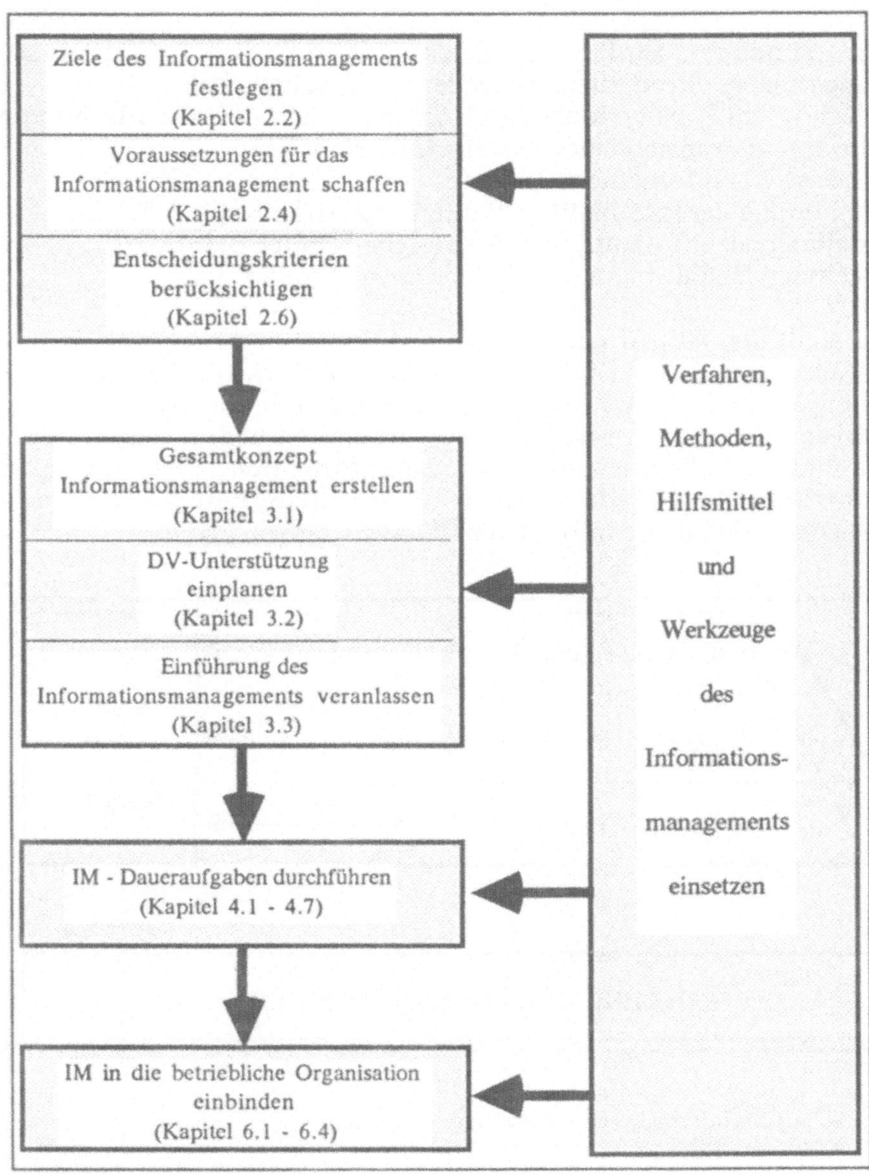

Bild 3.1: IM-Gesamtkonzept

Nachdem die Voraussetzungen für das geplante Informationsmanagement geschaffen sind [16], ist unter Berücksichtigung der IM-Entscheidungs-kriterien das IM-Gesamtkonzept zu entwickeln.

3.1 Gesamtkonzeption des Informationsmanagements

Bei der erstmaligen Einführung eines zielgerichteten Informations-managements ist es erforderlich, folgendermaßen vorzugehen:
Festlegung des Konzeptions- und Vorgehensplanes für die Einführung des Informationsmanagements (siehe Kapitel 3.1.1),
Ermittlung des Informations-Bedarfes (siehe Kapitel 3.1.2),
Durchführung der Informations-Beurteilung (siehe Kapitel 3.1.3),
Darstellung der Informations-Flüsse (siehe Kapitel 3.1.4),
Erarbeitung des Informations-Modells (siehe Kapitel 3.1.5).

Bild 3.2 stellt den Ablauf eines derartigen Vorgehens dar. Dabei ist der Informations-Bedarf TOP DOWN zu ermitteln, während die Informations-Beurteilung BOTTOM UP durchgeführt wird. Für die operative, die dispositive und die strategische Ebene werden nach der Informations-Bedarfs-Ermittlung und der Informations-Beurteilung die Informations-Flüsse dargestellt. Anschließend kann das unternehmens-individuelle Informations-Modell erarbeitet werden.

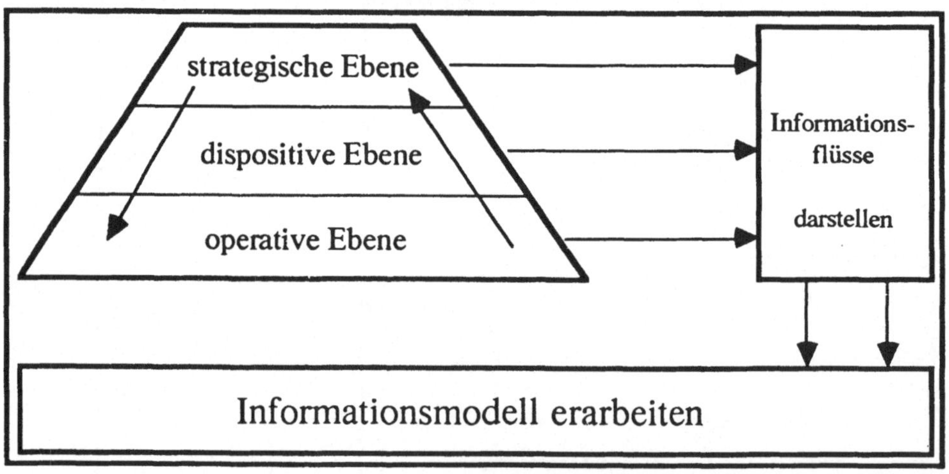

Bild 3.2: Ablauf der Informations-Analyse und -Gestaltung

16) siehe hierzu Kapitel 2

3.1.1 Konzeptions- und Vorgehensplan für die Einführung des Informationsmanagements

Der Konzeptions- und Vorgehensplan für die Einführung des Informationsmanagements zeigt die **unternehmensspezifischen** Schritte und deren Reihenfolge auf, die durchzuführen sind, um ein zielorientiertes Informationsmanagement zu entwickeln und einzuführen. Die Planung für die IM-Einführung kann als Netzplan dargestellt werden. Neben den zeitlichen Angaben und den erforderlichen Ressourcen sind auch die zu erwartenden Kosten aufzuzeigen. Dieser Plan begleitet die gesamte IM-Konzeptions- und -Einführungsphase, ist fortzuschreiben und neuen Situationen anzupassen. Bei der Erstellung dieses Planes müssen ebenfalls die Voraussetzungen und Entscheidungskriterien (insbesondere Ziele) für das Informationsmanagement einfließen. Bild 3.3 zeigt ein Beispiel eines IM-Konzeptions- und Vorgehensplanes.

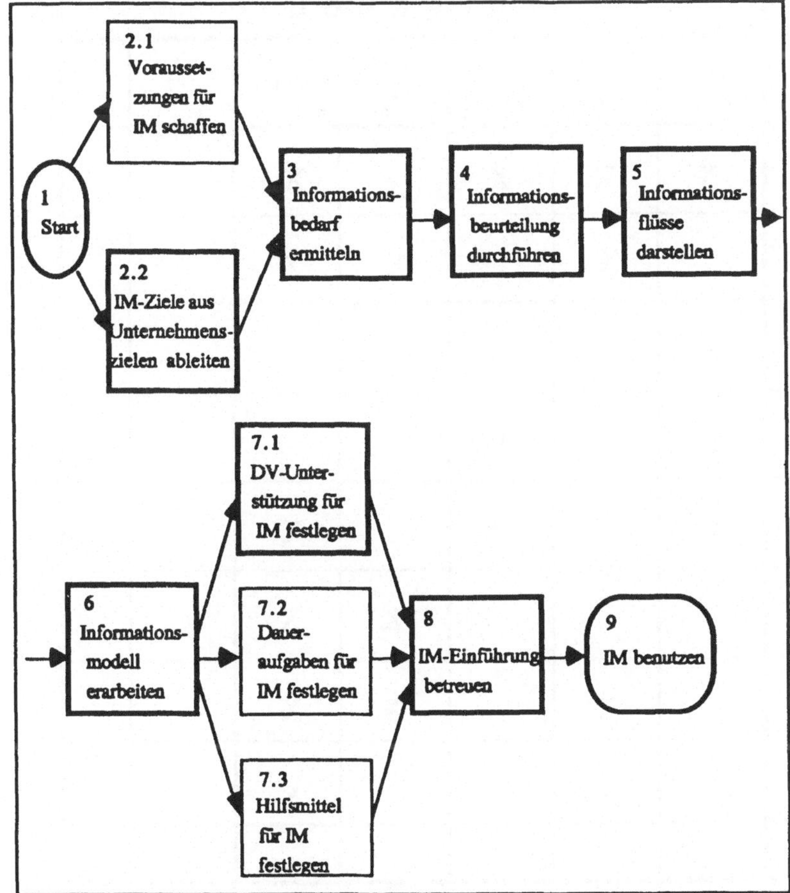

<u>Bild 3.3:</u> Beispiel für einen IM-Konzeptions- und Vorgehensplan

Der im Bild 3.3 dargestellte Vorgehensplan ist für jeden Schritt durch Einzelaktivitäten zu verfeinern. Bei Bedarf werden Detailnetzpläne erstellt.

3.1.2 Informations-Bedarf

Voraussetzung für die Feststellung des Informationsbedarfes ist die Festlegung sämtlicher betrieblicher Aufgaben und deren Analyse. Dies erfolgt zweckmäßig im TOP-DOWN-Vorgehen. Erst danach kann der eigentliche Informationsbedarf ermittelt und festgelegt werden. Das Ergebnis dieser *Informationsbedarfs-Erhebung* wird in Form einer **Datengruppen-Aufgaben-Matrix** (Bild 3.4) dargestellt. Die Festlegung der Datengruppen basiert auf einer Datenanalyse, die für jede DV-Entwicklung zwingend notwendig ist. Insbesondere beim Entwurf von Datenbanken entstehen derartige Datengruppen.

Daten-gruppen	**Aufgaben**						
	Lagerdis-position	Faktu-rierung	Bestell-wesen	Bearbei-tung off. Posten	Finanz-buchhal-tung	...	...
Artikelstamm-Daten	X	X	X		X		
Kundenstamm-Daten		X		X	X		
Lagerstamm-Daten	X		X				
Lager-bewegungs-Daten	X		X				
Lieferanten-Daten	X		X		X		
Offene Posten-Daten				X	X		
Rechnungs-Daten		X		X	X		
Bank-Daten		X			X		
...							

Bild 3.4: Beispiel einer Datengruppen- und Aufgaben-Matrix

Die Erfahrungen zeigen, daß sehr häufig Lücken zwischen dem *Informations-Bedarf* und der tatsächlichen *Informations-Versorgung* bestehen. Um diese Lücken zu schließen, sind zusätzliche Daten aus externen **Informations-Quellen** zu beschaffen.

Bei der Informations-Beschaffung kann auf unterschiedliche externe **Informations-Quellen** zurückgegriffen werden. Als mögliche Informations-Quellen können dafür in Frage kommen:

* Fachzeitschriften
* Fachbücher
* Fachveröffentlichungen
* Bibliotheken
* Publikationen
* Geschäftsberichte und veröffentlichte Bilanzen
* öffentliche Medien
* veröffentlichte Steuer-Statistiken
* Statistiken des Bundes, der Länder und Kommunen
  sowie der statistischen Ämter
* Archive
* amtliche Eintragungen in das Handelsregister
* amtliche Eintragungen im Grundbuch
* Auskunfteien, Wirtschaftsverbände, Handwerkskammern,
  Industrie- und Handelskammern
* Telefonbücher, Branchen- und Einwohnerverzeichnisse
* Forschungsergebnisse der Universitäten und Fachhochschulen
* Informations-Datenbanken
* Informationsdienste der Bundespost (wie z. B. Btx)
* Besuch von Fachmessen und Sonderschauen
* Herstellerkontakte
* Versammlungen
* Vorträge, Arbeitskreise oder Erfahrungsaustausche
* Schulungen, Seminare und Besichtigungen
* Berichte, Broschüren und Programm-Dokumentationen
* Software-Kataloge
* Analysen von Meinungs- und Marktforschungsinstituten
* Analysen und Untersuchungen über Mitbewerber-Produkte
* Informationen über Kundenverhalten und Kundenstruktur
  der Mitbewerber

Besonders hilfreich ist eine entsprechend unternehmens-spezifisch angepaßte Checkliste für die externe Informations-Beschaffung [17].

---

17) Beispiel-Checkliste für die externe Informations-Beschaffung siehe Kapitel 9.2

Wegen der Vielfätigkeit des Informationsangebotes gilt insbesondere:
Nur durch eine Verzahnung der in Betracht kommenden Informations-Quellen wird eine optimale Auswahl der Informations-Beschaffung erreicht.
Die endgültige Auswahl der Informations-Quellen unterliegt in jedem Fall den unternehmens-spezifischen Zielkriterien.

Nunmehr wird jede Aufgabe in ihre Tätigkeiten gegliedert und jeder Tätigkeit die erforderlichen Daten zugeordnet. Auch dieses Ergebnis kann in einer Matrix - *für jede Aufgabe* als **Tätigkeits - Daten - Matrix** - dargestellt werden. Für die erforderlichen Daten ist eine Datenanalyse notwendig. Dabei werden die Daten TOP-DOWN in ihre Elemente zerlegt, um diese anschließend BOTTOM-UP entsprechend ihrer Beziehungen zusammenführen zu können. Durch eine derartige Analyse werden Daten-Redundanzen erkannt und können, soweit wie möglich, bei der späteren *Datenmodell-Bildung* beseitigt werden [18]. Die Bildung eines *Daten-Modells* kann durch ein Verzeichnis für Datenbeschreibungen - Data Dictionary [19] - oder anderweitig dv-mäßig unterstützt werden. Auf die entsprechenden Techniken des Datenbank-Design wird analog Bezug genommen.

Nach der Datenanalyse kann der Daten-Bedarf für jede Tätigkeit, der Datengruppen-Bedarf für jede Aufgabe und ggf. der Datengruppen-Bedarf für jede organisatorische Einheit festgelegt und in einer entsprechenden Matrix (siehe Bild 3.5) dargestellt werden.
Die Ergebnisse der Datenanalyse des Ist-Zustandes können in unterschiedlichen Matrizen - IST-Matrizen - dargestellt werden. Entsprechend der Fragestellung und zum Zweck einer genauen Aussagefähigkeit wird empfohlen, *informations-orientierte Ergebnisse* in
  * Daten - Tätigkeits-   ---)
  * Datengruppen - Aufgaben-   ---)--Matrizen
  * Datengruppen - Organisationseinheiten-   ---)
oder *funktions-orientierte Ergebnisse* in
  * Daten - Tätigkeits-   ---)
  * Tätigkeits - Aufgaben-   ---)--Matrizen
  * Aufgaben - Organisationseinheiten -   ---)
wiederzugeben.

18) siehe hierzu Kapitel 3.1.3 und 3.1.5
19) siehe hierzu auch Kapitel 5.2.3

Der Datengruppen-Bedarf für jede organisatorische Einheit kann in einer
entsprechenden Matrix (siehe Bild 3.5) dargestellt werden. Diese Matrix
bildet die Basis für die weitere analytische Vorbereitung zur Einführung des
Informationsmanagements.

	Organisationseinheiten							
D a t e n - **gruppen**	Abteilg 1	Abteilg 2	Abteilg 3	Abteilg 4	Abteilg 5	Abteilg 6	Abteilg 7	...
Artikelstamm- Daten			X					
Kundenstamm- Daten				X	X			
Lagerstamm- Daten		X						
Lagerbestands- Daten		X						
Lieferanten- Daten							X	
Offene Posten- Daten						X		
Rechnungs- Daten						X		
Bank-Daten	X							
...								

Bild 3.5: Beispiel einer Daten-Bedarfs-Matrix

Durch Schnittstellen wird es möglich, genaue *Übergangsbedingungen* für die Informations-Weitergabe zwischen unterschiedlichen Unternehmensbereichen zu formulieren. Die bestehenden Beziehungen zwischen den Unternehmens-Bereichen werden dadurch erheblich vereinfacht und transparent. Nunmehr wird es möglich, das gesamte organisatorische Gebilde eines Unternehmens modular abzubilden und entsprechend den jeweiligen wirtschaftlichen Bedingungen organisatorisch anzupassen.

Eine auf diese Weise erstellte übersichtliche Dokumentation von Informationsabläufen im Unternehmen macht die Zusammenhänge verständlicher und aussagefähiger. Insbesondere dann, wenn der *Informationsaustausch über verschiedene Organisationseinheiten* hinweg durchgeführt wird, oder *Informationen von außen* in das Unternehmen einfließen, sind hierfür **besondere Regelungen in Form von Schnittstellen** vorzusehen und zu beschreiben.

Bei der Festlegung dieser Schnittstellen müssen folgende Fragen beantwortet werden:

1. **Wer legt** die Informationsanforderung an die Schnittstelle inhaltlich **fest**?
2. Sind die festgelegten **Anforderungen an die Schnittstelle** mit wirtschaftlichem Aufwand **erfüllbar**?
3. Ist die **Schnittstelle** zur Erreichung des angestrebten Ergebnisses **notwendig**?
4. **Wer versorgt** diese Schnittstelle mit Informationen?
5. **Wer verarbeitet** die Informationen aus dieser Schnittstelle?
6. **Welche Abhängigkeiten** bestehen bei der Versorgung der Schnittstelle und/oder bei der Verarbeitung der Schnittstellen-Informationen?
7. **Wann** müssen die Informationen **zur Verfügung stehen**?
8. Ist eine **Weiterleitung** der Informationen in der gewünschten Form **möglich**?
9. Wurden die **Schnittstellen** von und zu anderen **externen Bereichen** beachtet?
10. **Welche Auswirkungen** hat eine **Änderung** der Schnittstellenversorgung für den Informations-Lieferanten und den Informations-Nutzer?
11. Wie werden die **Informationen** aus der Schnittstelle **abgearbeitet**?

Die Beantwortung dieser Fragen ist für die **Konstruktion der Informations-Schnittstelle** notwendig.

Das folgende einfache Beispiel (Bild 3.6) zeigt die Schnittstellen-Regeln zwischen zwei Funktionsbereichen. Dadurch wird deutlich, daß eine korrekte Abgrenzung zwischen den Unternehmens-Bereichen für die Bildung von Schnittstellen unerläßlich ist.

In Bild 3.6 wurde der eigentliche **Entscheidungsprozeß** außeracht gelassen, da dieser bereits vor der Informationsanforderung bzw. der Informationsbereitstellung erfolgen muß.

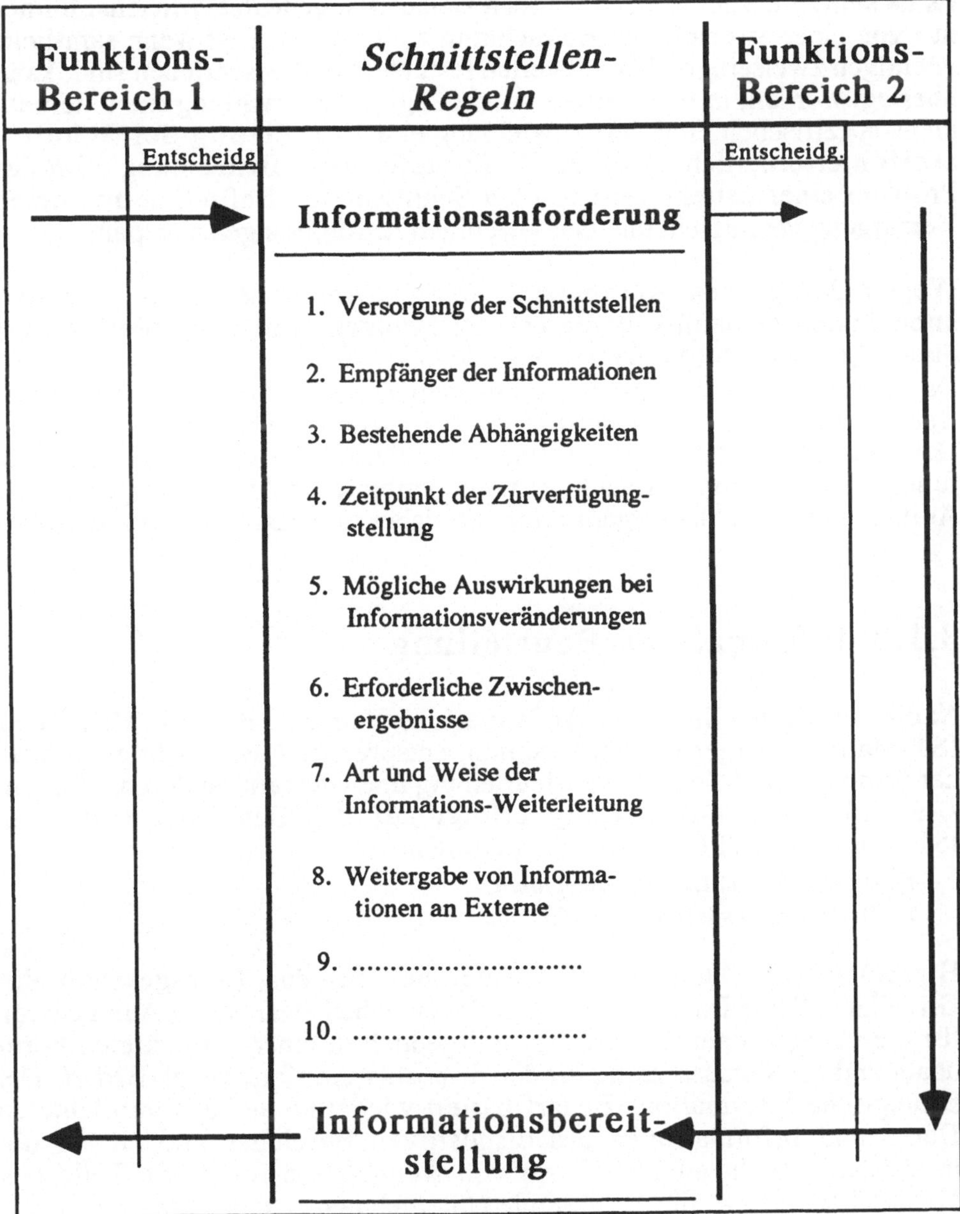

Bild 3.6: Beispiel für IM-Schnittstellen-Regelungen

Zur Sicherstellung einer **sachgerechten, termingerechten und aufgabengerechten Schnittstellen-Versorgung** müssen entsprechende ablauforganisatorische Regelungen [20] unternehmens-individuell festgelegt werden.
Es ist sinnvoll, wie im vorstehenden Beispiel angedeutet, zunächst immer nur von einer zweiseitigen Betrachtung auszugehen. Erst wenn sämtliche wichtigen zweiseitigen Schnittstellen festgelegt und beschrieben sind, kann überlegt werden, in wieweit zur durchgängigen Betrachtung der unternehmens-spezifischen Funktionsabwicklung eine **Vernetzung der Schnittstellen** erforderlich wird. Durch die stufenweise Betrachtung wird das Problem einer extrem vermaschten Schnittstellen-Definition und deren Versorgung vereinfacht und den jeweiligen Anforderungen angepaßt.

Wegen der großen Komplexität der Informationsabläufe und der unbedingten Genauigkeit dieser Festlegungen wird auch hierfür eine dv-gestützte Durchführung [21] empfohlen.
Da im Rahmen des Informationsmanagements die informations-orientierte Betrachtung den Schwerpunkt bildet, werden die Ergebnisse der Datenanalyse mit Hilfe informations-orientierter Matrizen dargestellt. Die funktions-orientierte Betrachtung mit den möglichen Auswirkungen auf die Aufbau- und die Ablauforganisation tritt dabei zunächst in den Hintergrund.

3.1.3 Informations-Beurteilung

Nach der Feststellung des Informations-Bedarfs, der mit Hilfe von IST-Matrizen dargestellt wird, ist nun, entsprechend der Wichtigkeit bzw. der Priorität, die Informations-Beurteilung und -Bewertung durchzuführen. Die Informations-Bewertung erfolgt auf der Basis der erstellten IST-Matrizen BOTTOM-UP in 2 Schritten:

1. Beseitigung der Daten-Redundanzen
2. Bewertung des Informations-Gehalts

Hierbei bilden Daten und Informationen für das Tagesgeschäft die Grundlage. Diese Daten und Informationen haben zwar wenig Aussagekraft für die übergeordneten Bereiche, sind jedoch in einer verdichteten Form unabdingbare Voraussetzung für den dispositiven Informations-Bedarf. Der strategische Informations-Bedarf basiert wiederum auf den verdichteten Daten und Informationen des dispositiven Bereiches und ist für die modellhafte Sicht auch in Form von Kennziffern für große Teile des Unternehmens bzw. für das gesamte Unternehmen zu bewerten.

20) siehe hierzu auch Kapitel 6.4
21) siehe hierzu auch Kapitel 3.2

Zunächst werden die redundanten Informationen gekennzeichnet und eliminiert (erster Schritt für sämtliche Unternehmens-Ebenen). Die Informations-Bewertung kann entweder als subjektive Bewertung in Form eines **Prioritäten-/Punkte-Verfahrens** oder objektiv mit Hilfe einer **Nutzwert-Analyse** bzw. einer **Informationswert-Analyse** erfolgen. [22]

"Die Informationswert-Analyse nach dem Kosten-Nutzen-Prinzip geht davon aus, daß jede Information Kosten verursacht, welchen ein Wert gegenübergesetzt werden muß, der durch die Information herbeigeführt werden kann." [23]

Die Bewertung von Informationen nach dem Zielbezug hat sich dabei konsequent am Zielsystem des Unternehmens [24] auszurichten. Darüber hinaus ist auch die zeitliche Aktualität der Informationen zu berücksichtigen. Es wird empfohlen, das Zielsystem mit den Informationen systematisch zu vergleichen, um somit eine Informations-Überdeckung oder -Unterdeckung festzustellen.

Grundsätzlich ist festzustellen:

Der Wert einer Information ist umso höher zu beurteilen, je besser die aus der Information resultierende Entscheidung den Unternehmenszielen entspricht.

Mit Hilfe der Informationswert-Analyse [25] ist der Wert einer Information festzulegen. Bei der Wertung der Informationen müssen folgende Kriterien berücksichtigt werden:

1. Wichtigkeit der Information
2. Zeitpunkt des Informations-Bedarfs und der Informations-Beschaffung
3. Möglichkeiten der Informations-Verdichtung
4. Genauigkeit der Informationen
5. Menge der Informationen

Es gilt nicht mehr nur zu zählen, wieviele Informationen wohin versandt werden, sondern auch zu beurteilen, wie diese Informationen verwertet werden, welche Aufgaben diese Informationen haben oder bewirken und ob diese Informationen unabdingbar erforderlich und verständlich sind.

---

22) Fragen, sowohl zur "Informations-Erhebung" als auch zur "Daten-/Informations-Beurteilung", sind als Checkliste in Kapitel 9.2 und Kapitel 9.3 zu finden.

23) Höfer, Informationswert-Gestaltung..., S. 22 ff

24) siehe hierzu auch Kapitel 2.6.1

25) Informationswert-Analyse siehe Kapitel 5.3

Bei der Informations-Bewertung werden mit Hilfe des Informations-Filters (siehe Bild 2.2) "wertlose" Informationen ausgefiltert und die Informationsgruppen in eine Werteskala gebracht. Das bedeutet, daß man sich von einigen bisher verwendeten Daten vollständig trennt, um andere "wertvolle" Informationen zusätzlich in das Informations-Modell [26] einzubeziehen. Zur Beurteilung von Informationen sind u.a. folgende Fragen notwendig und hilfreich:

* Mit welchen Informationen kann das **langfristige Bestehen** des Unternehmen gesichert werden?

* Mit welchen Informationen wird die **höchste Wertschöpfung** für das Unternehmen erzielt?

* Wie notwendig sind unternehmens-**interne** bzw. unternehmens-**externe Informationen** für die Festlegung der Unternehmensziele?

* Wie wichtig sind unternehmens-**interne** bzw. unternehmens-**externe Informationen** für die Erreichung der Unternehmensziele?

* Welche Informationen erhalten bzw. steigern die **Wettbewerbs-fähigkeit** unseres Unternehmens?

* Bis zu welchem **Perfektionsgrad** sind die Informationen gerade noch nützlich und somit auch wirtschaftlich?

* Wann werden **Informationen** wieder **unwirtschaftlich**?

* Wodurch ist ein **Datenüberfluß** im Unternehmen gekennzeichnet?

Eine detaillierte Checkliste zur Informations-Beurteilung ist hierfür ein wertvolles Hilfsmittel. [27] Durch die Informations-Beurteilung kann neben der am häufigsten auftretenden Informations-Überdeckung auch eine mögliche Informations-Unterdeckung festgestellt werden. Eine Informations- Unterdeckung bedeutet, daß die zur Ereichung wesentlicher Unternehmensziele erforderlichen Informationen fehlen. In diesem Fall liegt die größte Wertschöpfung des Informationsmanagements in der Beschaffung zusätzlicher, externer Informationen, um den restlichen Informations-Bedarf zur vollständigen Zielerreichung zu erhalten.

3.1.4 Informations-Flüsse

Nach der Bewertung der Informationen sind die Informationsquellen, -wege und -empfänger aufzuzeigen, d.h. die **Informations-Flüsse** zu analysieren. Hierbei sind für die *funktionalen Vorgänge* [28] , in denen eine Informationsbearbeitung stattfindet, darzustellen,

* woher die Informationen kommen.

* wohin die Informationen weitergeleitet werden.

* wer die Informationen erzeugt.

* wer an diesen Informationen arbeitet.

26) siehe hierzu Kapitel 3.6.1
27) siehe hierzu Kapitel 9.3
28) siehe hierzu Kapitel 2.5

Die Informations-Flüsse müssen nunmehr koordiniert werden, d.h. es ist festzulegen,

- wie oft und in welcher Reihenfolge die Informations-Übergabeprozesse stattfinden.
- wie die Informationen transportiert werden.
- wie aktuell die Informationen benötigt werden.
- welche Informationsmengen transportiert werden müssen.

Darüber hinaus werden die Transportvorgänge, in denen keine Informationsbearbeitung stattfindet, ebenfalls dargestellt.

Für den Informations-Fluß ist in erster Linie die *Kommunikation* als das **organisatorische Problem** zu beschreiben. Hierbei sind der Inhalt und der Umfang der Kommunikation zwischen den Funktionsbereichen, d.h. die Art der Informationen, die Menge der Information und die Art der Informationsübermittlung zu berücksichtigen.

Zunächst sind entsprechend der **Richtung** des Informations-Flusses die Informations-Wege zu gliedern. Grochla [29] unterscheidet nach einseitigen und zweiseitigen Informations-Wegen. Dabei sind *einseitige Informations-Wege* diejenigen, auf denen Daten und Informationen jeweils nur in einer Richtung fließen. Während ein Funktionsbereich stets Daten und Informationen liefert, ist der andere Funktionsbereich immer der Empfänger dieser Daten und Informationen.

Zweiseitige Informations-Wege sind diejenigen, bei denen die beteiligten Funktionsbereiche sowohl Sender als auch Empfänger von Daten und Informationen sind (siehe Bild 3.7).

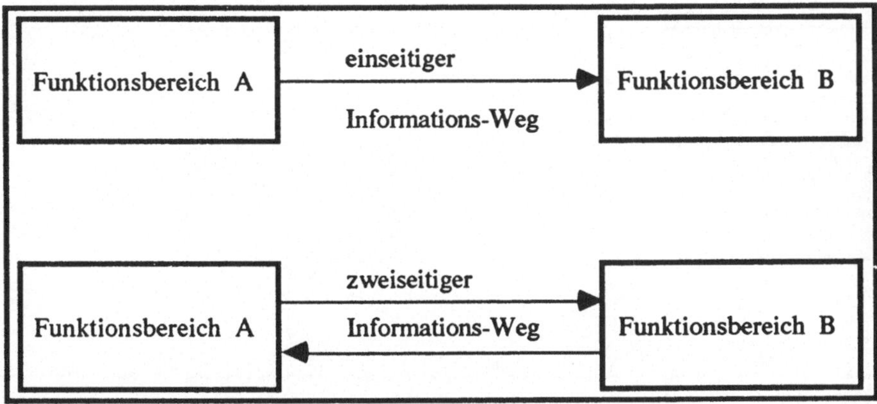

Bild 3.7: Einseitiger und zweiseitiger Informations-Weg

29) Vgl. Grochla, Unternehmensorganisation, S. 80

Darüber hinaus ist zur Beschreibung der Informations-Wege nach Grochla
die **Stufung** dieser Wege von Bedeutung. Dabei wird der von einer
Information zurückgelegte Weg - *Sender* - *Empfänger* -betrachtet. Ein
einstufiger Informations-Weg (siehe Bild 3.8) liegt vor, wenn Daten
und Informationen von der Informations-Quelle direkt, ohne
zwischengeschaltete Funktionsbereiche, zum Empfänger gelangen.

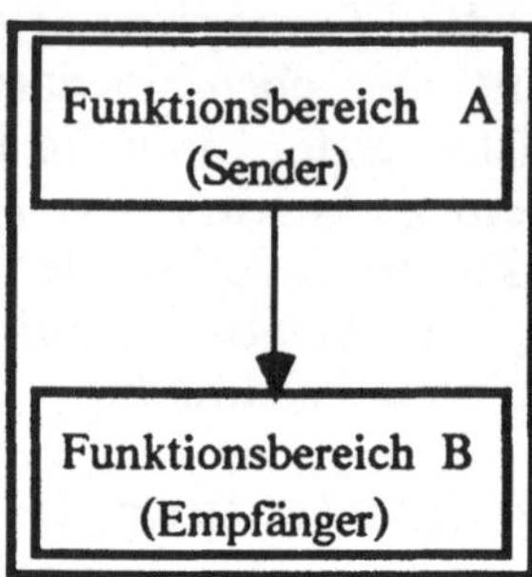

Bild 3.8: Einstufiger Informations-Weg

Sind weitere Funktionsbereiche an diesem Prozeß beteiligt, so haben diese
lediglich die Aufgabe des Informationsspeichers und/oder des
Informationsverteilers (siehe Bild 3.9).

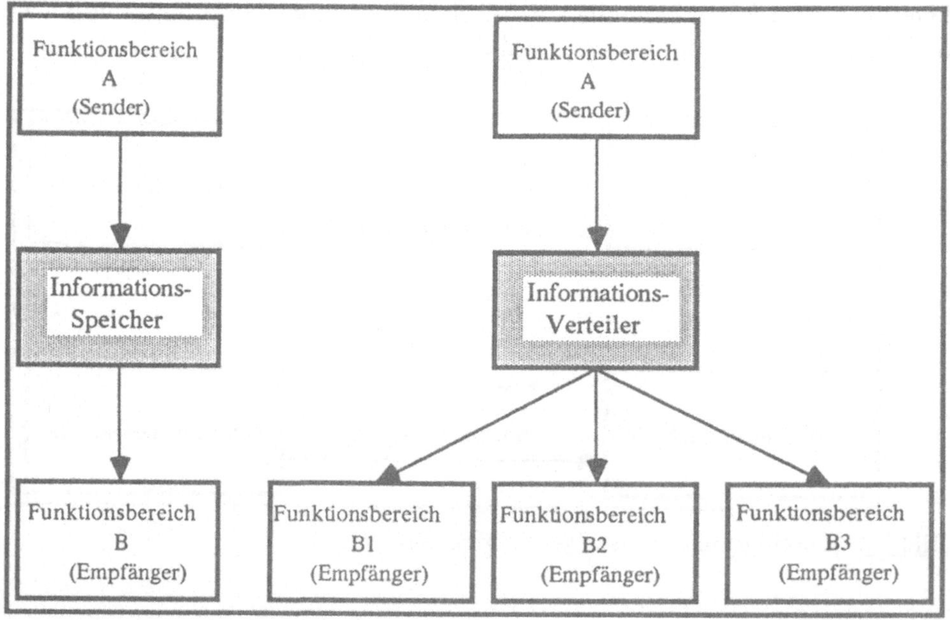

Bild 3.9: Mehrstufiger Informations-Weg

Das gesamte Unternehmen wird von einem Netz von Informations-Wegen, das sämtliche Funktionsbereiche verbindet, umspannt. Dadurch wird eine unkontrollierte "Informations-Überflutung" ermöglicht. Diese Situation, die in der betrieblichen Praxis oft gegeben ist, führt zu einer regelmäßigen Überlastung des Informations-Netzes. Die erforderliche Entlastung der Informations-Wege wird durch eine ständige Beurteilung der Informationen, die durch das Unternehmen fließen, und deren Bewertung in zweckmäßige und unzweckmäßige Informationen erreicht. Das Ziel dieser Maßnahme muß lauten:

Einschränkung des Informations-Flusses auf extrem zweckmäßige und aussagefähige Informationen und damit Abbau der Informations-Überflutung.

Eine weitere Problematik kann dadurch entstehen, daß Informationen auf dem langen Weg durch die betrieblichen Funktionsbereiche unzulässig verändert werden können. Diese Schwachstelle muß bei der Bildung eines **Informations-Modells** berücksichtigt und, falls vorhanden, beseitigt werden. Auch wegen der Möglichkeit zur *Manipulation von Informationen* sind möglichst viele einstufige Informationenswege anzustreben bzw. die Stufen der Informationswege möglichst gering zu halten. Vielstufige und komplexverschachtelte Informationswege bergen somit die Gefahr der **Informationsverfälschung** und der **Informationsmanipulation** in sich.

Informations-Fluß, technisch verstanden, bedeutet immer **Informations-Transport** unter Beantwortung der Frage:

Wer transportiert *wie*, *wohin*, *wann* und *in welcher Form* eine Information?

Hierfür werden die internen Transportwege benötigt, um die Kommunikationspartner eines Unternehmens miteinander zu verbinden. Dabei fungiert für den papiergebundenen Informationstransport die Hauspost als Vermittlungs- und Verteilungssystem. Für den nichtpapiergebundenen Informationstransport können Netzwerke, Vermittlungszentralen, Teletex oder andere elektronische Systeme [30] genutzt werden.

Beim Informations-Transport müssen in erster Linie die Forderungen des Informations-Empfängers nach der aufgabenorientierten Übermittlungsform der Informationen berücksichtigt werden. Möglicherweise ist eine Umwandlung von einer Darstellungsform in eine andere, wie z.B. von magnetischer/elektronischer Form in visuelle Form - Magnetplatte auf Datensichtgerät oder Liste - erforderlich. Dabei sind unzulässige und ungewollte Medienbrüche, die den Informations-Fluß unnötig verzögern oder sogar unterbinden, zu vermeiden. Jeder Medienbruch birgt darüber hinaus auch die Gefahr der Informationsverfälschung in sich.

30) siehe Kapitel 5.2

Informations-Fluß im Sinne des Informationsmanagements bedeutet nicht, Informationen von einem zum anderen Arbeitsplatz zu transportieren, sondern **Informationen in der geforderten Qualität und Aktualität** an jedem Arbeitsplatz zur Verfügung zu stellen.
Die Gesamtheit des Informations-Bedarfs sowie die Bereitstellung, die Bewertung und die Verfügbarkeit der Informationen wird in einem **Informations-Modell** [31] dargestellt. Modernes Informationsmanagement ermöglicht, daß jeder betriebliche Funktionsbereich die zielgerichteten und jeweils erforderlichen Daten und Informationen zum richtigen Zeitpunkt sowie in der richtigen Form und Menge erhält.

Zu den Daueraufgaben des Informationsmanagement-Service [32] gehört die Sicherstellung, daß jeder betriebliche Funktionsbereich im Rahmen seiner Entscheidungen und Aufgabenerfüllung über einen ausreichenden Informationsstand verfügt. Für diese Aufgaben stehen organisatorische und technische Hilfsmittel [33] zur Verfügung.

3.1.5 Informations-Modell

Die neue Sicht des Informationsmanagements liegt darin, die Weiterentwicklung der Informationstechnik und die sich daraus ergebenden Auswirkungen in einen größeren Zusammenhang der Informationsverarbeitung zu betrachten und als Informations-Modell darzustellen. Klander [34] erläutert das Informations-Modell folgendermaßen: "Einerseits ist es ein **Erklärungsmodell**, das, anknüpfend an klassische Vorbilder, das Zusammenwirken der einzelnen Elemente und die sich daraus ergebenden Konsequenzen für die praktische Umsetzung beschreibt. Andererseits ist es aber auch ein **Entscheidungsmodell**, besonders dann, wenn sich die Zusammenhänge monetär bewerten und möglicherweise in eine mathematisch definierte Funktion umsetzen lassen."

Ausgangspunkt der Vorbereitungen für ein Informations-Modell ist immer die zu erfüllende Aufgabe. Zunächst ist zu beschreiben, *welche Informationen zwischen welchen Funktionen in welchem Ausmaß/Menge* ausgetauscht werden müssen, um die Aufgabe sach- und zeitgemäß zu erfüllen.

31) siehe Kapitel 3.1.5
32) Daueraufgaben siehe Kapitel 4
33) Hilfsmittel siehe Kapitel 5
34) Klander, Informations-Modell, S. 124 ff

Auf der Basis und den Ergebnissen dieser Vorarbeiten (Kapitel 3.1.1 bis 3.1.4) geht es nun darum, für das Unternehmen ein individuelles, unternehmensspezifisches Informations-Modell als **Unternehmens-Modell** zu bilden. Bild 3.10 zeigt die Komponenten des Unternehmensmodells im Überblick. Die einzelnen Komponenten werden im folgenden detaillliert behandelt.

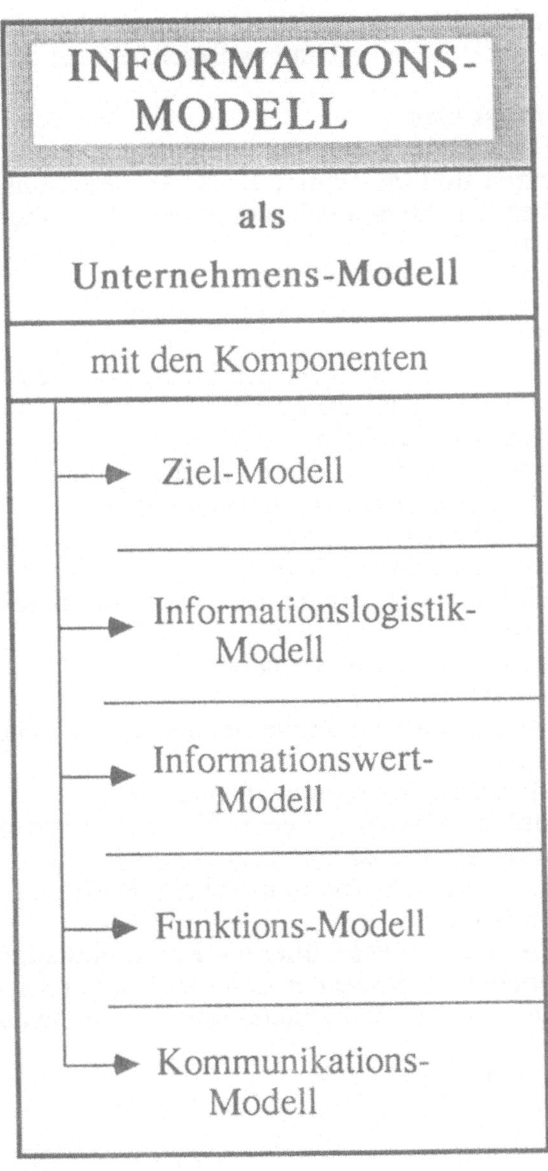

Bild 3.10: Informations-Modell

Dieses Unternehmens-Modell besteht aus den Komponenten
* Darstellung des Unternehmens-Zielsystems
  Zuerst muß das Zielsystem des Unternehmens, wie es im Kapitel 2.6.1 -
  Unternehmensziele - beschrieben wurde, entwickelt und dargestellt
  werden. Das Ergebnis dieser Arbeiten bildet das
  - **Ziel - Modell** -
* Darstellung der Unternehmenszusammenhänge
  Die Darstellung der informations-orientierten Zusammenhänge des
  Unternehmens oder einzelner Unternehmens-Bereiche kann durch
  Soll-Matrizen für
          o *Daten und Tätigkeiten*
          o *Datengruppen und Aufgaben*
  erfolgen. Diese Matrizen sind im Kapitel 3.1.2 - Informations-Bedarf -
  beispielhaft beschrieben. Die Gesamtheit sämtlicher Informations-
  Bedarfsmatrizen bildet das
  - **Informationslogistik - Modell** -
* Darstellung der Werte der vorliegenden Informationen
  Die Darstellung der **Werte** der vorliegenden Informationen - gemessen
  an deren Zielbezug - kann z.B. durch entsprechende Matrizen für
          o *Einzel-Information / Einzel-Ziel*
          o *Einzel-Information / Ziel-System*
  erfolgen. Der Wert von Einzelinformationen wird somit in Relation zum
  Zielbezug ermittelt. [35] Diese Darstellungen beschreiben das
  - **Informationswert-Modell** -
* Darstellung der Funktionszusammenhänge
  Das Funktions-Modell für das Unternehmen bzw. seine Bereiche kann
  ebenfalls durch **Soll-Matrizen**, z.B. für
          o *Aufgaben und Organisationseinheiten*
          o *Tätigkeiten und Aufgaben*
  beschrieben werden. Hieraus wird das unternehmensspezifische
  - **Funktions-Modell**   -
* Darstellung der Kommunikationszusammenhänge
  Die Kommunikationszusammenhänge eines Unternehmens können in
  Form von Tabellen, Matrizen und anderen Formen, wie z.B.
          Kommunikations-Dreieck, Kommunikations-Kreis und
          Kommunikations-Spinne
  dargestellt werden. Weitere Hinweise über die Kommunikationszusam-
  menhänge eines Unternehmens findet der Leser im Kapitel 3.1.4
  - Informations-Flüsse- . Aus diesen Darstellungen kann das unterneh-
  mens- spezifische
  - **Kommunikations-Modell**   -
  abgeleitet werden.

---

35) siehe hierzu auch Kapitel 5.3

Grochla [36] weist darauf hin, daß die Aufgabe für das Unternehmen, ein leistungsfähiges Informationswesen zu gestalten, in der Lösung des Problems besteht, die für die Aufgabenerfüllung zweckmäßige Beschränkung des Informationsflusses hinsichtlich der Kriterien Kommunikationspartner, Kommunikationsrichtung und Kommunikations-inhalt festzulegen.

Dabei ist zu berücksichtigen, daß das Informations-Modell immer *unternehmens-individuell* zu gestalten ist und nicht immer sämtliche Teil-Modelle im vollen Detaillierungsgrad beinhalten muß.

Dieses Unternehmens-Modell hat den Zweck, die optimale Informationsversorgung des Unternehmens darzustellen. Basis für dieses Informations-Modell bilden die *bewerteten Informationen* und die *gewichteten Informationsflüsse* . Diese Grundlagen müssen **um zusätzliche "wertvolle" Informationen** ergänzt sowie von einer **zielorientierten Informationsverarbeitung** unterstützt werden.

Mit Hilfe einer Ist-Aufnahme und der in den Kapiteln 3.1.1 bis 3.1.4 beschriebenen Vorgehensweise kann festgestellt werden
wo ein Nachholbedarf an Informationen besteht
      - Informations-Defizit -   und
wo ein bestehender Informationsablauf sich inzwischen überlebt" hat -
      - Informations-Überfluß - .
Die zuvor genannten Matrizen eignen sich zur Informations-Bewertung und als Darstellungstechnik, um die Beziehungen, wie z.B.Funktionen, Abhängigkeiten, Verantwortlichkeiten, Kompetenzen u.a.m. zu veranschaulichen.

Eine Ist-Aufnahme kann in ein Unternehmens-Modell zur Darstellung der
      * Informationszusammenhänge
      * Funktionszusammenhänge
      * Kommunikationszusammenhänge
für sämtliche Unternehmensebenen münden. Aus einem derartigen Modell können nun die aufbau- und ablauf-organisatorischen Veränderungen , die zur Verbesserung der Kommunikation notwendig sind und die Unternehmens-Bereiche, die in Abhängigkeit voneinander mit bestimmten Prioritäten reorganisiert bzw. gezielt untersucht werden müssen, heraus-gefiltert werden.

---

36) Grochla, Unternehmensorganisation, S. 85

3.2 DV-Unterstützung für die Einführung des Informationsmanagements

Es ist ein Fehler, zu glauben, daß allein durch den Einsatz der Datenverarbeitung im Informations-Kreislauf das Informationsmanagement bereits eingeführt ist. Die Datenverarbeitung kann lediglich unterstützende Hilfe bei dieser Problembewältigung leisten. Darüber hinaus wird durch den Einsatz sachgerechter und leistungsfähiger Hard- und Software sowohl die Verwaltung der Daten und Informationen erleichtert als auch das Suchen und Finden der benötigten Informationen wesentlich beschleunigt. Diese Feststellung gilt jedoch nur für den "mündigen" Anwender. Dieser Anwender muß auch in der Lage sein, zu sagen, was er will und in welcher Form er die Informationen benötigt. Diese Feststellung trifft insbesondere für den Einsatz der Datenverarbeitung beim Aufbau des Informationsmanagements zu.

Nur so kann mit Hilfe der Datenverarbeitung ein leistungsfähiges Informationssystem aufgebaut werden, um Informationen mit hohem Aktualitätsgrad in der gewünschten Form am richtigen Arbeitsplatz zur Verfügung stellen zu können. Dieses Ziel setzt eine flexible und auf den Wunsch des Benutzers abgestimmte Hard- und Software, wie z.B. grafikfähige Datensichtgeräte und Drucker sowie eine problemorientierte Benutzeroberfläche der Software, voraus.

Die notwendigen Schritte zur Erarbeitung einer **Gesamtkonzeption** für das **Informationsmanagement**

* Konzeptions- und Vorgehensplan festlegen
* Informations-Bedarf ermitteln
* Informations-Beurteilung durchführen
* Informations-Flüsse darstellen
* Informations-Modell entwickeln

sollten dv-unterstützt durchgeführt werden. Ohne die DV-Technik näher darzustellen, werden an dieser Stelle Möglichkeiten aufgezeigt, wie mit dem Einsatz der Datenverarbeitung der Entwicklungsprozeß des Informationsmanagements sinnvoll unterstützt werden kann.

Für sämtliche Schritte zur Einführung des Informationsmanagements, besonders aber *von der Feststellung des Informations-Bedarfs bis zur Bildung des Informations-Modells,* eignet sich die Datenverarbeitung als das klassische Hilfsmittel. Auch wenn es darum geht, umfangreiche Informationen aus den **Ergebnissen der Bedarfsanalyse und Informations-Beurteilung** im unternehmens-spezifischen **Informations-Modell** zu erfassen, zu speichern, zu bearbeiten, zu modifizieren, auszugeben, darzustellen und weiterzuleiten, ist der Einsatz der Datenverarbeitung unerläßlich.

Zur Beschreibung des **Informations-Versorgungs-Profils** des Unternehmens in Form von
* Daten - Tätigkeits - Matrizen
* Datengruppen - Aufgaben - Matrizen
* Tätigkeits - Aufgaben - Matrizen

muß eine sachgerechte DV-Unterstützung gegeben sein. Vielfältige unterstützende Standard-Software steht sowohl für Arbeitsplatz-Computer als auch für Zentralrechner zur Verfügung.

Für die Informations-Beurteilung und die Analyse der Informations-Flüsse bis zur Bildung eines unternehmens-spezifischen Informations-Modells ist die technische Unterstützung ebenfalls notwendig. Das gilt auch für die Prüfung der erhobenen Daten auf Redundanzen.

Bei der Konzeptions- und Vorgehensplanung ist die Datenverarbeitung besonders durch die **Netzplan-Technik** mit der Vorgabe, Speicherung, Berechnung und Auswertung von Planungsdaten eine wesentliche Hilfe. Spätestens dann, wenn es in den vorzusehenden Detaillierungsstufen der Einführung des Informationsmanagement darum geht, sämtliche Abhängigkeiten, nachfolgende Tätigkeiten, Zeitbedarf, Zeitverschiebungen und deren Auswirkungen jederzeit abrufbereit vorzuhalten bzw. Veränderungen zeitnah zu simulieren oder fortzuschreiben, ist der Einsatz der Datenverarbeitung unumgänglich. Nur dadurch wird es möglich, den Planungsprozeß von Beginn an durch ständige Aktualisierung und Fortschreibung sämtlicher Einflüsse zeitnah und transparent allen Beteiligten als Leitlinie für den Ablauf sämtlicher Planungs- und Einführungs-Tätigkeiten an die Hand zugeben.

Die erstmalige Einführung eines **zielorientierten Informations-managements** ist in jedem Unternehmen zeit- und personalintensiv. Aus diesem Grund ist die DV-Unterstützung von Anfang an vorzusehen und in den weiteren Ablauf der Einführung des Informationsmanagements permanent einzubeziehen. Hierfür stehen allerdings **keine** "Knopfdruck-Lösungen" zur Verfügung. Im wesentlichen sollte auf Standard-Software zurückgegriffen werden. Dabei ist nicht auszuschließen, daß im Einzelfall individuelle Anwendungs-Software erstellt werden muß. Für die Durchführung folgender Aufgaben bietet sich ebenfalls eine DV-Unterstützung an:
Erfassung und Plausibilitätsprüfung der Eingabedaten,
Speicherung dieser Eingabedaten
      mit dem Ziel der Prüfung auf Vollständigkeit, Konsistenz, Korrektheit und Redundanzfreiheit,
Darstellung der Informations-Versorgungs-Profile
      als Matrizen der Aufgaben, Tätigkeiten, Abläufe und Schnittstellen,

Beschreibung eines Informationslogistik-, Informationswert-,
          Funktions- und Kommunikations-Modells in Form von
          Funktions-, Organisations- und Kommunikationsstrukturen,
Simulation von Ziel-, Aufgaben-, Tätigkeits- und Organisations-
          Änderungen und deren Auswirkungen auf die verschiedenen
          Unternehmens-Modelle,
vielfältige grafische Auswertungen der Analyse-Ergebnisse.

Als Ergebnis der zuvor beschriebenen Schritte zur Einführung eines
Informationsmanagements   entsteht im   Unternehmen eine wertvolle
    I n f o r m a t i o n s - B a s i s .
Dabei darf allerdings der *Wirtschaftlichkeitsgedanke* nicht unbeachtet
bleiben. [37]

3.3 Einführung des Informationsmanagements

Bei der Einführung des Informationsmanagements ist sowohl die **Komplexität** dieser Aufgabe zu berücksichtigen als auch die **Dauerhaftigkeit**
dieses Aufgabenbereiches sicherzustellen. Grundlegende Voraussetzung
dafür ist die **Bildung des Funktionsbereiches "Informationsmanagement"**. Die wichtigste Aufgabe für diesen Bereich ist zunächst die
Vorbereitung und Einführung des Informationsmanagements. Deshalb ist
dieser Funktionsbereich von Beginn an in sämtliche Überlegungen und
Entscheidungen, die die Einführung des Informationsmanagements
betreffen, einzubeziehen. Für Spezialaufgaben oder Teilaufgaben können,
sollten entsprechende Mitarbeiter im Unternehmen nicht zur Verfügung
stehen, Spezialisten auch außerhalb des Unternehmens eingesetzt werden.
Die **Gesamtverantwortung** für die Einführung des Informationsmanagement muß auf jedem Fall dem **Funktionsbereich**
"Informationsmanagement" zugeordnet sein.

Die **Komplexität** einer unternehmensweiten Informationsverknüpfung
muß bei der
          * **Vorbereitung** durch eine sachgerechte Projektorganisation,
             Projektstrukturierung und Phasenkonzeption,
          * **Durchführung** in Teilprojekten mit festgelegten Aufgaben sowie
          * **Kontrolle** sämtlicher Teil- und Phasenergebnisse und der
             Entscheidungen
der Einführung des Informationsmanagements berücksichtigt werden.
Derartige Aufgaben sollten in Form eines Projektes geplant und abgewickelt
werden.

37) Kosten-Nutzen-Überlegungen siehe Kapitel 7

Damit können Zeit, Qualität, Kosten und Quantität der Einführung des
Informationsmanagements sichergestellt werden.
Eine ausführliche Behandlung dieser Problematik und deren Lösung erfolgt
in der Fachliteratur zum Themenkomplex "Projektmanagement". Deshalb
kann an dieser Stelle auf eine nähere Darstellung verzichtet werden.

Der **Dauerhaftigkeit** des Informationsmanagements muß bereits bei deren
Einführung durch entsprechende Maßnahmen im Rahmen der
Unternehmensplanung
> durch die Ziele des Informationsmanagements, Leitsätze für das
> Informationsmanagement und Integration des Informations-
> managements,

Aufbauorganisation
> durch Schaffung des Bereiches "Informationsmanagement", Ein-
> bindung des Informationsmanagements in die Stellenbeschreibungen
> und durch Einrichtung eines Informationsmanagement-Service,

Ablauforganisation
> als Erweiterung der Funktionsbeschreibungen, Tätigkeitsmatrizen und
> Aufgabenlisten und
> Festlegung neuer Aufgaben in Form von Kommunikations-Analysen
> Informations-Matrizen

Rechnung getragen werden. [38]

Zusammmenfassend ist hervorzuheben, daß die Einführung und die
spätere Nutzung des Informationsmanagements eine äußerst komplexe
Aufgabe ist. Die Vorbereitungen und Durchführungen derart komplexer
Aufgaben erfordern umfangreiche und zeitaufwendige Tätigkeiten mit
höchsten Anforderungen an die Qualität der Ausführung. Aus diesen
Gründen ist es selbstverständlich, daß nur die besten und engagiertesten
Mitarbeiter mit der Durchführung dieser Aufgaben beauftragt werden
können. Hierbei entscheiden in ganz besonderen Maß *Leistungsfähigkeit*
und *Leistungsbereitschaft* der mit dieser Aufgabe beauftragten Mitarbeiter
über die Qualität des Arbeitsergebnisses und damit über **Erfolg** oder
Mißerfolg der Einführung des Informationsmanagements.
Zur Unterstützung bei dieser verantwortungsvollen Aufgabe stehen sowohl
vielfältige technische Hilfsmittel als auch adäquate Verfahren und
Werkzeuge zur Verfügung. [39]
Die Einführung des Informationsmanagements hat ebenfalls Auswirkungen
auf die Aufbau- und Ablauforganisation eines Unternehmens, wenn die
angestrebten Vorteile vollständig und umfassend genutzt werden sollen.
Auch die organisatorischen Auswirkungen [40] sind zu beachten.

---

38) weitere Ausführungen siehe Kapitel 6
39) siehe Kapitel 5
40) siehe Kapitel 6

4 Welche Daueraufgaben beinhaltet das Informationsmanagement?

4.1 Fortschreibung des Gesamtkonzeptes

4.2 Administration

4.3 Information Center

4.4 Software-Entwicklung

4.5 Datenfabrik

4.6 Controlling

4.7 Personal-Bereitstellung

Nach Konzeption und Einführung des Informationsmanagements geht es darum, das gesamte Wissen und die Erfahrungen des Informationsmanagements sowie die geschaffene Informations-Basis zu erhalten, fortzuschreiben, zu optimieren und zu rationalisieren.
Dazu müssen Daueraufgaben für das Informationsmanagement festgelegt und zielorientiert durchgeführt werden. Bild 4.1 zeigt diese Daueraufgaben zunächst im Überblick.

Daueraufgaben des Informationsmangements

Fortschreibung des Gesamtkonzeptes

Administration

Information Center

Software-Entwicklung

Datenfabrik

Controlling

Personal-Bereitstellung

Bild 4.1: Daueraufgaben des Informationsmanagements

Die Daueraufgaben für das Informationsmanagement haben Service-Charakter und können auch als "IM-Service" bezeichnet werden. Hierzu zählen ebenfalls die Hilfsmittel für das Informationsmanagement, die im Kapitel 5.2 beschrieben werden. Im folgenden werden die Daueraufgaben näher erläutert.

4.1 Fortschreibung des Gesamtkonzeptes

Die Fortschreibung des Gesamtkonzeptes für das Informationsmanagement
besteht im wesentlichen aus der konsequenten zielorientierten Fortführung
der Teilaufgaben:
Ergänzung/Änderung des Informations-Bedarfs (siehe Kap. 3.1.2),
sachliche und zeitliche Informations-Beurteilung (siehe Kap. 3.1.3),
Aktualisierung der Informations-Flüsse (siehe Kap. 3.1.4), sowie
Aktualisierung des Informations-Modells (siehe Kap. 3.1.5).

Hierzu ist es notwendig, das gesamte Informationsmanagement-
Know-How - insbesondere **Prinzipien, Verfahren, Methoden und
Techniken** - zu aktualisieren und die Einsatzerfahrungen des
Informationsmanagements in das Gesamtkonzept einzubinden. Eine
laufende Fortschreibung des Gesamtkonzeptes ist Garant für eine langfristig
zielorientierte Optimierung des Informationsmanagements.
Während für die informations-organisatorische Fortschreibung des
Gesamtkonzeptes die **IM-Administration** verantwortlich ist, wird die
informations-technische Fortschreibung vom **Information Center**
wahrgenommen.

4.2 Administration

Die Administrations-Aufgaben für das Informationsmanagement bestehen,
wie bereits im Kapitel 2.4.2 erläutert, in den Festlegungen der
Informationsversorgung sämtlicher Stellen des gesamten Unternehmens.
Diese informations-organisatorische Aufgabe ist im Zusammenhang mit der
Bereitstellung von Informationen ein laufender und ständig zu
überprüfender Prozeß. Im Mittelpunkt der Zuständikeiten der
Administration stehen hier **Aktualität, Empfänger, Zeitpunkt,
Auswahl, Zweck und Form der Informationsversorgung im
gesamten Unternehmen** zu garantieren und zur Erhaltung einer
gleichbleibenden Informations-Qualität laufend zu überprüfen.

Ohne die aktive Beteiligung des *Informations-Nutzers* und des
Informations-Lieferanten ist diese wichtige Funktion innerhalb des
Aufgabenbereichs - Informationsmanagement - auf Dauer nicht
durchführbar. Die Aufgaben der Administration müssen daher
gemeinschaftlich, d.h. in Form von Team-/Gruppenarbeit unter Beachtung
einer **"ausgewogenen"** Besetzung durch geeignete Mitarbeiter aus dem
Fach- und Informationsmanagement-Bereich durchgeführt werden.

4.3 Information Center

Aus der Sicht sämtlicher Unternehmensbereiche ist eine informationstechnische Unterstützung durch das Information Center für eine wirtschaftliche Informations-Versorgung unbedingte Voraussetzung. Die Vielzahl der Informationsanforderungen und der Informationsanfragen sowie die diversen Beratungs- und Betreuungsaufgaben stellen hohe Koordinationsanforderungen an das Information Center, um die optimale Technik bereitzustellen. Ein sorgfältig vorbereiteter Einsatz der erforderlichen Informations-Technik bietet auch hier die beste Voraussetzung für das Unternehmen zur Produktivitätssteigerung und zur Verbesserung der Gesamtwirtschaftlichkeit durch eine bessere Nutzung der vorhandenen Informationen. Dies gilt insbesondere dann, wenn die Informations-Versorgung bereichs- und abteilungsübergreifend durch das Information Center koordiniert wird.

Das Information Center bildet daher eine zentrale Koordinationsstelle für die Informations-Technik und nimmt innerhalb der Informationsversorgung u. a. folgende Aufgaben wahr :

      * Beratung und Betreuung der Fach- und Führungskräfte
        auf dem Gebiet der individuellen Informationsverarbeitung

      * Marktbeobachtung, Auswahl und Einführung neuer Produkte
        der Informationsverarbeitung

      * Betreuung der eingesetzten Produkte der
        Informationsverarbeitung

      * Ausbildung und Schulung der Fach- und Führungskräfte

Die Aufgaben des Information Centers gewinnen auch bei "klassischer Datenverarbeitung" immer mehr an Bedeutung und sind nicht nur im Rahmen des Informationsmanagements erforderlich.
Das Information Center stellt sicher, daß Daten und Informationen, aber auch Ausbildung, Betreuungs- und Beratungsdienste für den "Regelfall" zur Verfügung stehen.
Um die Daueraufgaben des Informationsmanagements sicherzustellen, sind gut geschulte und selbständig arbeitende Fach- und Führungskräfte die hauptsächlichen Gesprächspartner des Information Centers.

4.4 Software-Entwicklung

Die Aufgaben des Informationsmanagements bestehen nicht nur in der Software-Entwicklung und deren Einsatz in der "Datenfabrik". Diese klassischen DV-Institutionen sind vom Gesamtkonzept für das Informationsmanagement teilweise unmittelbar und teilweise nur mittelbar betroffen.

Deshalb werden die hierfür notwendigen Aufgaben nur stichpunktartig aufgeführt. Zu diesen Aufgaben zählen u.a.

* Neuentwicklung von individueller Anwendungs-Software
* Anwendungssystem-Betreuung
  (Pflege, Wartung und Weiterentwicklung der Anwendungs-Software)
* Auswahl von geeigneter Standard-Software
* Anwendung von Prinzipien, Verfahren, Methoden und Werkzeugen
* Entwicklung von Maßnahmen zur Software-Qualitätssicherung
* Fehlerbehebung bei individueller Anwendungs-Software

Eine sorgfältige Aufgaben-Planung, -Abwicklung und -Kontrolle erhält dabei besonderes Gewicht. Die Anwendung zeitgemäßer und dem Stand der Technik entsprechender Methoden des Projekt-Managements können eine erfolgreiche Software-Entwicklung gewährleisten. Entsprechende Standard-Software zur Unterstützung des Projektmanagements steht für Arbeitsplatz-, Abteilungs- und Zentralrechner zur Verfügung.

4.5 Datenfabrik

Die Aufgaben einer "Datenfabrik" bestehen im wesentlichen aus

* der Arbeitsvor- und Arbeitsnachbearbeitung
* dem Operating
* dem Druckbetrieb
* der Archivierung
* dem Systemservice (-programmierung)
* der Datenadministration
* der Hardware-Bereitstellung für die zentrale
  Informationsverarbeitung und Informationsbereitstellung

Diese Aufgaben der klassischen Datenverarbeitung werden ausgehend von einem Gesamtkonzept für das Informationsmanagement "erneut durchdrungen" und müssen je nach Durchdringungsgrad sachgerecht überdacht und angepaßt werden.

4.6 Controlling

Die Fortschreibung des Gesamtkonzeptes für das Informationsmanagement muß von der Führungsspitze des Unternehmens unter Berücksichtigung der Unternehmenszielen gesteuert und überwacht werden.
Dazu ist die Schaffung eines wirksamen Controllings zweckmäßig. Neben den *klassischen Controlling-Funktionen* ist auch das **Controlling für das Informationsmanagement** eine zielorientierte Managementfunktion. **Dabei steht die Koordinations- und Informations-Funktion im Mittelpunkt.** Für die Durchführung dieser Aufgabe müssen steuerungsrelevante Informationen erfaßt, aufbereitet und dem *Informationskreislauf* zur Verfügung gestellt werden. Ein Schwerpunkt des Controllings liegt in der Abstimmung der Unternehmensziele auf sämtlichen Unternehmensebenen als Grundvoraussetzung für alle **Planungs-, Steuerungs- und Überwachungs-Aufgaben.**

Die **Aufgabenstellung des Controllings** sind demnach:
* Lenkung des Informationswesens
* Koordination sämtlicher Informations-Anforderungen
* Kontrolle der Zielerreichung
* Optimierung des Informationswesens
* Formulierung von Richtlinien für das gesamte Informations-wesen
* Durchsetzung der Unternehmens-Ziele im Rahmen des Informationsaustausches
* regelmäßige Überprüfung der Unternehmensziele auf Konsistenz und Aktualität
* Durchführung von Informations-Bedarfsermittlungen
* laufende Erfassung und Analyse von PLAN-IST-Vergleichen bezogen auf den Informationsbedarf und Informationsbereitstellung
* optimale Nutzung des betrieblichen Potentials an Informationen
* Schaffung einer controlling-gerechten Informations-Infrastruktur

Der Erfolg für ein zielorientiertes Informationsmanagement kann nur sichergestellt werden, wenn die Aufgaben des Controllings von einem Bereich im Unternehmen wahrgenommen werden, der mit der erforderlichen Kompetenz ausgestattet ist.

4.7 Personal-Bereitstellung

Wenn es um Effektivität und Erfolg im Unternehmen geht, gewinnt der Faktor **"Personal"** immer mehr am Bedeutung. Das gilt besonders im Zeitalter der Computerisierung, der Automatisierung und der Rationalisierung. Es ist kein Geheimnis, daß der Verantwortungsbereich des Personals im Zusammenhang mit der Umsetzung und dem Einsatz des Informationsmanagements in den nächsten Jahren ständig wachsen wird. Benötigt werden in den nächsten Jahren verstärkt hoch-qualifizierte, mitdenkende Mitarbeiter.

Dabei ist ausdrücklich darauf hinzuweisen, daß es sich meist **nicht um zusätzliches** Personal handeln muß, sondern auch **vorhandenes Personal** - nach entsprechender Schulung - **für Aufgaben des Informationsmanagements** eingesetzt werden kann. An verschiedenen Stellen wird eine Besetzung durch geeignete neue Mitarbeiter unumgänglich, wobei jedoch auf ein ausgewogenes Verhältnis zwischen bewährten und neuen Mitarbeitern geachtet werden sollte.

Die "klassischen" Projektteams sind ggf. um Mitarbeiter für das Informationsmanagement zu ergänzen, die den umfassenden Ansatz und die Ziele des Informationsmanagements auf Projektebene **"on-the-job"** durchsetzen. Zur Unterstützung dieses IM-Teams wäre auch die zeitlich begrenzte Mitwirkung erfahrener externer Spezialisten denkbar.

Die Personalabteilungen in den Unternehmen müssen sich deshalb rechtzeitig mit der sachgerechten Personalbedarfsplanung, -beschaffung, -beurteilung, -auswahl und Personaleinsatzplanung von geeigneten IM-Mitarbeitern beschäftigen. Hierzu ist ein Personalkonzept erforderlich, das der Personalabteilung die Aufgabe erleichtert, Personal in der erforderlichen Qualität und Quantität rechtzeitig zur Verfügung zu stellen. Dabei muß die **"Personalarbeit"** die Strategie für das Informations-management reflektieren, aktiv unterstützen und personalpolitisch mitprägen. Auch hier gelten die Leitgedanken, daß **der richtige Mitarbeiter zur richtigen Zeit an den richtigen Platz sein sollte,** und daß **jede Spezialbegabung ihren Platz hat.**
Nicht zuletzt gilt gerade für die Dauerhaftigkeit des Informationsmanagements:

> **Kein Unternehmen kann sich schneller auf Veränderungen umstellen, als seine Mitarbeiter es können und wollen!**

5 Welche Hilfsmittel und Methoden stehen dem Informationsmanagement zur Verfügung?

In diesem Kapitel sollen neben einigen Hilfsmitteln für die Durchführung des Informationsmanagements besonders die Informationswert-Analyse herausgestellt und an einem Beispiel verdeutlicht werden. Grundsätzlich ist hervorzuheben, daß der **Wert einer Information umso höher ist, je mehr die Information am Zielsystem des Unternehmens orientiert ist.**

Die Entwicklung und der Aufbau sowie die ständige Aktualisierung und Anpassung eines modernen Informationsmanagements erfordert gemeinsame Anstrengungen - sämtlicher Unternehmensbereiche und Unternehmensebenen - zur Erreichung der gesetzten Ziele. Dabei ist der Einsatz moderner Hilfsmittel der Informationstechnik - als ein Bestandteil des IM-Service - von entscheidender Bedeutung.

Das Ziel - die Unterstützung der Geschäftsleitung bei der situationsgerechten Entscheidungsfindung - läßt sich nicht mehr ohne Methodik und Technik verwirklichen. Dabei sollte jedoch nicht übersehen werden:

> # Der Einsatz von Methoden
> # ersetzt nicht das DENKEN !

Zum einen kann die methodische Vorgehensweise beim Einsatz der Hilfsmittel für den **Aufbau einer Informationsbasis** entscheidend sein. Dabei werden im wesentlichen die

        Analyse, Planung und Kontrolle (Kapitel 5.1)

sowie die

        Bewertung   (Kapitel 5.3)

der Informationen vorgenommen.

Zum anderen wird durch den richtigen Einsatz der adäquaten Hilfsmittel für die *Durchführung der IM-Daueraufgaben* (siehe Kap. 5.2) die Verwaltung und die Bereitstellung der benötigten Informationen jetzt erst ermöglicht. Die bisher nebeneinander entwickelten Systeme der Daten-, Nachrichten- und Bürotechnik müssen **schrittweise zu einem Gesamtsystem zusammenwachsen.**

Entsprechende Checklisten und Fragen zur Informations-Beurteilung und zur Ermittlung des Informations-Bedarfes sind in Kapitel 9 beschrieben.

5.1 Hilfsmittel für die Informations-Analyse, -Planung und -Kontrolle

Die Durchführung der Informations-Analyse und -Planung erfordert den zielgerechten Einsatz von geeigneten Hilfsmitteln. Die Problematik besteht allerdings darin, daß es für Analyse- und Planungsaufgaben keine optimalen und "allgemeingültigen Hilfsmittel zur Lösungsfindung" gibt. Ohne grundlegende Methodenkenntnisse kann die Auswahl, die Anwendung und der Einsatz von "geeigneten Hilfsmitteln" Schwierigkeiten bereiten oder sogar zum Scheitern der Analyse- und Planungstätigkeiten führen.

Die folgenden Ausführungen sollen einen Überblick über die möglichen Hilfsmittel geben. Diese Hilfsmittel wurden aus einer Vielzahl von Möglichkeiten ausgewählt und dienen dem Interessierten zur Orientierung. Es handelt sich hierbei um Methoden und Werkzeuge für ein gezieltes Vorgehen bei der Informations-Analyse und -Planung. Komplexe Vorgänge können mit folgenden Vorgehensweisen, Verfahren, Methoden und Techniken - hier vereinfachend als Hilfsmittel bezeichnet - erhoben, aufbereitet, analysiert und dargestellt werden:

* Entscheidungsbäume
* Tabellen
* Diagramme
* Organigramme
* Informationsflußpläne
* Datenflußpläne
* Strukturierungstechniken
* Fragebogen
* Interviews
* Analyse-Techniken
* Entscheidungstabellen
* Checklisten
* Netzpläne

Beim Einsatz dieser Hilfsmittel ist es wichtig, daß diese nicht nur für einen bestimmten, eng begrenzten Untersuchungsbereich, sondern auch bereichsübergreifend zum Einsatz kommen müssen. Hierdurch wird erst eine unternehmensumfassende und abteilungsübergreifende Lösung im Sinne von Informationsmanagement möglich. Dieses Vorgehen erfordert jedoch neben dem Einsatz adäquater Hilfsmittel auch ganzheitliches Denken in relativ komplexen Zusammenhängen.

Nur so wird es möglich, das "SYSTEM", über das etwas in Erfahrung gebracht wurde, "zum Sprechen" zu bringen und entsprechend der Zielsetzungen zu formen. Dabei ist zu berücksichtigen, daß durch ein Methoden-Mix eine Minimierung von Nachteilen einzelner Hilfsmittel ermöglicht wird.

Ein "Kochrezept" zum Einsatz der richtigen Hilfsmittel als "beste Empfehlung" gibt es nicht. Auf der Suche nach den vielgepriesenen "ganzheitlichen Konzepten" sind bereits viele Anwender auf der Strecke geblieben. Es gilt ausschließlich individuelle Konzepte für den Einsatz und die Nutzung der Hilfsmittel für die Informations-Analyse und -Planung zu entwickeln. Erfahrungen haben gezeigt, daß nur dieser Weg sinnvoll ist. Die Informations-Analyse und -Planung muß auf den jeweiligen Einzelfall bezogen werden, um die unternehmensspezifischen Bedürfnisse berücksichtigen zu können.

Abschließend soll darauf hingewiesen werden, daß auch Kriterien, die das Analyse- und Planungs-Umfeld betreffen, wie u.a.
 * Zeitbedarf bei der Anwendung
 * Kosten
 * erforderliche DV-Sachmittel
 * allgemeine Sach- und Hilfsmittel
 * erforderliche Qualifikation der Mitarbeiter
 * zusätzliche Schulung und Ausbildung

bei der Auswahl und dem Einsatz geeigneter Hilfsmittel für die Informations-Analyse und -Planung zu berücksichtigen sind.

Als Hilfsmittel für die Informations-Kontrolle sind besonders die Projektmanagement-Systeme [41] anzuführen. Derartige Systeme unterstützen neben den Planungs- und Steuerungs-Aufgaben insbesondere die Kontroll-Funktion.

Da sich die Kontroll-Funktion sowohl über den gesamten Einführungsprozeß des Informationsmanagements als auch über die Durchführung der Daueraufgaben des Informationsmanagements erstrecken kann, sind Projektmanagement-Systeme und deren sachgerechter Einsatz nützliche Hilfsmittel für die Informations-Kontrolle.

---

41) siehe hierzu Kapitel 5.2.3.1

5.2 Hilfsmittel zur Durchführung von Daueraufgaben für das Informationsmanagement

Die Hilfsmittel für die Durchführung der ständigen Aufgaben und Dienste des Informationsmanagements können in
* Hilfsmittel für die Organisation
* Hilfsmittel für die Kommunikation
* Hilfsmittel für die Datentechnik
unterschieden werden.

5.2.1 Organisations-Hilfsmittel

In erster Linie ist das vorliegende Buch - als IM-Leitfaden -   ein organisatorisches und administratives Hilfsmittel bei der ständigen Durchführung von Aufgaben für das Informationsmanagement. Es werden Maßnahmen vorgeschlagen und Regelungshinweise gegeben, um die erforderlichen Tätigkeiten im Sinne eines *zielorientierten Informationsmanagements* durchzuführen und abzuschließen. Somit können hier die einzelnen Organisations-Hilfsmittel, teilweise aus dem Zusammenhang gerissen, nicht noch einmal einzeln dargestellt werden. Vielmehr wird an dieser Stelle auf die Kapitel verwiesen, in denen die jeweiligen Organisations-Hilfsmittel im Zusammenhang und teilweise an Beispielen erläutert werden:

Kapitel 3.1   mit der laufenden Ermittlung des Informations-Bedarfes einschließlich Kontrolle der   Schnittstellen sowie einer Überprüfung der Schnittstellen-Regelung,
mit der Beurteilung der notwendigen Informationen,
mit der Überwachung der Informations-Flüsse einschließlich der Beurteilung des Informations-Transportes sowie mit der Überprüfung des unternehmens-spezifischen Informations-Modells zur Vermeidung von Informations-Defiziten, -Überflüssen und Informations-Verfälschungen

Kapitel 4.1   mit der Fortschreibung des Gesamtkonzeptes für das Informationsmanagement

Kapitel 4.2   mit Hinweisen auf die Aufgaben der IM-Administration

Kapitel 4.3   der Beschreibung der Aufgaben des Information Centers

Kapitel 4.6   der Darstellung des Controllings für das Informationsmanagement

Kapitel 4.7   den Antworten, die mit der Personal-Bereitstellung im Zusammenhang stehen

Kapitel 5.2   den Hilfsmitteln für die Durchführung von Daueraufgaben

Kapitel 6   der komplexen Einbindung des Informationsmanagements in die Organisation des Unternehmens

Kapitel 7   den notwendigen Kosten-Nutzen-Überlegungen

Kapitel 9   mit diversen unerläßlichen Checklisten

Die Ergebnisse einer Organisationswert-Analyse [42] zeigen auf, wie das vorhandene organisatorische Instrumentarium im Unternehmen besser genutzt werden kann, wie die Datenverarbeitung effizienter eingesetzt werden kann und welche organisatorischen Anforderungen zu erfüllen sind. Ein quantifizierbarer Nutzen der Organisationswert-Analyse ist die Darstellung des **Ergebnisverbesserungs-Potentials** in DM.
Ein **Dokumentationsmodell** unterstützt die Erfassung und Analyse der Funktions- und Informationszusammenhänge im Unternehmen. Ein derartiges Modell kann mit Hilfe eines **Data-Dictionary-Systems** [43] aufgebaut und fortgeschrieben werden.

5.2.2 Kommunikations-Hilfsmittel

Eine optimale unternehmensinterne Kommunikation ist, wie zuvor bereits an mehreren Stellen hervorgehoben, eine zwingende Voraussetzung für ein funktionsfähiges Informationsmanagement. Dabei bedeutet Kommunikation der Transport von

* Daten   * Text
* Sprache   * Grafik
* Bild

Die richtigen Hilfsmittel für die Unternehmens-Kommunikation werden von den unterschiedlichen

* **Kommunikationsformen**
* **Kommunikationsrichtungen**

beeinflußt.

42) Vgl. o.V., Organisationswert-Analyse..., S. 2 ff
43) siehe Kapitel 5.2.3.3

Die Kommunikation im Unternehmen kann sachlich in die **Betriebs-Kommunikation** und die **Verwaltungs-/Büro-Kommunikation** gegliedert werden. Beide Kommunikationsarten werden als **Unternehmens- Kommunikation** zusammengefaßt.

Unter **Betriebs-Kommunikation** ist der Informationsaustausch im technischen Bereich zu verstehen. Hierzu zählen u.a. Informationen der

* Produktionsplanung
* Produktionssteuerung
* Produktions-Abrechnung
* Lager-Bewirtschaftung
* Lager-Verwaltung
* Planung und Steuerung der Wartung
  der technischen Produktions-Einrichtungen
* Fuhrparkplanung

Mit der **Verwaltungs- bzw. Büro-Kommunikation** werden Informationen im Verwaltungsbereich transportiert. Hierbei kann es sich beispielsweise um Informationen über

* Kunden und Lieferanten
* Umsätze und Märkte
* Mitarbeiter
* Termine
* Zielvorgaben
* strategische Planungen
* Akten und Archive

handeln.

Beide Kommunikationsarten müssen im Rahmen des Informationsmanagements aufgebaut, erweitert und aktiv gehalten sowie zur **Unternehmens-Kommunikation** zusammengefaßt werden. Entsprechend der unterschiedlichen Anforderungen muß auch die Auswahl und die Installation der erforderlichen technischen Einrichtungen erfolgen.

Im **Bild 5.2** werden die bisher möglichen technischen Kommunikations-Einrichtungen unter Berücksichtigung von Kommunikationsform und Kommunikationsrichtung dargestellt.

KOMMUNIKATIONS-EINRICHTUNGEN

Sprach-Kommunikation

EINWEG	ZWEIWEG
Rundfunk	Telefon
Fernsehen	Sprechfunk
Kabelfernsehen	Bildfernsprechen
Ansagedienste	Video-Konferenz

Text-Kommunikation

EINWEG	ZWEIWEG
Videotext	Telex
	Telefax
	Teletex
	Bildschirmtext
	Bildfernsprechen

Bild-Kommunikation

EINWEG	ZWEIWEG
Videotext	Bildfernsprechen
Fernsehen	interaktives Kabelfernsehen
Kabelfernsehen	Video-Konferenz

Daten-Kommunikation

EINWEG	ZWEIWEG
Dateneingabe	Dialogverarbeitung
Datenabruf	Bildschirmtext
	Rechnerverbund
	interaktives Kabelfernsehen
	Video-Konferenz

<u>Bild 5.2 :</u> [44] Darstellung der technischen Kommunikations-Einrichtungen unter Berücksichtigung von Kommunikationsform und Kommunikationsrichtung

44) Vgl. Computer-Praxis abc, 1/85

5.2.3 Software-Hilfsmittel

Zur Unterstützung sämtlicher Aktivitäten für die Einführung und die
Fortschreibung eines zielorientierten Informationsmanagements steht zur
Zeit keine "fertige" umfassende Software zur Verfügung. Es ist jedoch
möglich und hilfreich, aus der am Markt zur Verfügung stehenden Software
verschiedenster Ausprägung - Leistungsbreite und Leistungstiefe -   das
jeweils erforderliche Software-Produkt auszuwählen.
Hierfür kommen u. a. verschiedene Software-Produkte in Betracht, die in
der Praxis teilweise verbunden sind, teilweise auch isoliert eingesetzt
werden können. Darüber hinaus wird darauf hingewiesen, daß diese
Software-Produkte adäquate Hardware erfordern.

5.2.3.1 Projektmanagementsysteme

Projektmanagementsysteme dienen zur Unterstützung des **Managements**
bei der Planung, Steuerung und Kontrolle sowie der Dokumentation von
Projekten. Derartige Systeme unterstützen die Einführung des Informationsmanagements u. a. durch Netzpläne und Vorgehenspläne sowie
Termin- und Kostenübersichten.

5.2.3.2 Datenbank-und Datenkommunikations-Systeme

Bei den Datenbank- und Datenkommunikations-Systemen
(DB-/DC-Systeme) handelt es sich um Software-Produkte zur Speicherung,
Verwaltung und Bearbeitung komplex verknüpfter Daten aus verschiedenen
Unternehmensebenen sowie die Möglichkeit zur Bearbeitung der Daten im
Dialog. Darüber hinaus können mit derartigen Systemen die eingesetzten
Methoden und deren Ergebnisse aus der Software-Entwicklung verwaltet
werden.
Der Einsatz und die nutzbringende Anwendung von DB-/DC-Systemen
erfordert umfangreiche Hardware-Ressourcen sowie qualifizierte Mitarbeiter
mit hervorragenden Kenntnissen und Erfahrungen.

5.2.3.3 Data Dictionaries

Zunächst wurden Data Dictionaries als Verzeichnisse für Datenbeschreibungen entwickelt. Diese eignen sich u. a. auch zur Abbildung der Aufbau- und Ablauforganisation sowie für die Darstellung von Dokumentationsmodellen. Ebenso sind Data Dictionaries für die Speicherung und Verknüpfung der verschiedenen Algorithmen der Folgerungs-Komponenten eines Expertensystems hervorragend geeignet. Die Entwicklungsmöglichkeiten von Data Dictionaries in integrierter Anwendung von DB-/DC-Systemen steigen ständig.

5.2.3.4 Textsysteme

Textsysteme werden hauptsächlich zum Erfassen, Korrigieren, Gestalten und Drucken von Texten sowie der zugehörigen Abspeicherung und der Wiederauffindmöglichkeit eingesetzt. Hiermit wird das Berichtswesen des Informationsmanagements erheblich unterstützt. Zunehmend finden komfortable Textsysteme Eingang in die Bürokommunikation und werden dadurch im Vorfeld des Informationsmanagements und der Bearbeitung mit Expertensystemen eingesetzt.

5.2.3.5 Editoren

Software-Produkte zum Bearbeiten von Daten und Texten im Dialog werden als Editoren bezeichnet. Mit steigendem Funktionsumfang und dem zunehmenden Einsatz von Textsystemen werden die relativ unintelligenten Editoren zurückgedrängt.

5.2.3.6 Spreadsheet-Systeme

Spreadsheet-Systeme werden zur Erstellung von Tabellen und Matrizen angewandt, mit denen Daten und/oder Texte sachgerecht aufbereitet, verknüpft und ausgewertet werden können. Diese Software-Systeme eignen sich für die individuelle Informationsverarbeitung am Arbeitsplatz. Diese Systeme können künftig im Informationsmanagement als Kommunikations-Software für "Expertensysteme" eingesetzt werden.

5.2.3.7 Desktop-Publishing-Systeme

Programmsysteme zur Präsentation und Dokumentation auch von Sachverhalten des Informationsmanagements werden als Desktop-Publishing-Systeme bezeichnet. Für die Anwendung dieser Systeme werden spezielle Hardwarekomponenten und Basis-Software benötigt. Diese Software versetzt den Anwender in die Lage, direkt am Schreibtisch die erforderlichen Präsentationen und Dokumentationen zu konzipieren und druckfertig vorzubereiten.

5.2.3.8 Grafik-Systeme

Zur Visualisierung von komplexen Zusammenhängen und Informations-ergebnissen innerhalb des Informationsmanagements werden Grafik-Systeme in Form von Strukturdarstellungen, Kreis- und Balkendiagrammen sowie Matrizen usw. eingesetzt. Die am Markt angebotenen Grafik-Systeme sind im Funktionsumfang sowie im Preis-/Leistungsverhältnis äußerst different, so daß eine sachgerechte Auswahl erforderlich wird.

5.2.4 Hilfsmittel für die Datentechnik

Die Hilfsmittel für die Daten sind auf die Erfassung, Speicherung, Verarbeitung und Weiterleitung der für die Unternehmenstätigkeit und den Unternehmenserfolg notwendigen Daten ausgerichtet.
Bei der Geräteausstattung der einzelnen **Arbeitsplätze** ist nach dem Grundsatz "soviel Intelligenz wie notwendig, soviel Komfort wie erforderlich und soviel Flexibilität wie sinnvoll" zu verfahren. Danach wird es Arbeitsplätze geben, die beispielsweise

* ein Telefon zur Datenerfassung
* ein Datensichtgerät zur Dateneingabe und -abfrage
* ein spezielles Gerät zur Betriebsdatenerfassung (BDE)
* einen Arbeitsplatzcomputer für die Individuelle Datenverarbeitung
* analoge Geräte zur Meßdaten-Erfassung
* Tastaturen oder Eingabemöglichkeiten zum Programmieren, Steuern und Kontrollieren von NC-Maschinen
* Personal Computer zum computer-unterstützten Entwerfen, Gestalten und Zeichnen - CAD-/CAM-/CIM-Techniken -
* Mehrfunktionsgeräte als Peripherie von Inhouse-ISDN-Anlagen

benötigen.

Innerhalb einer **Abteilung** können die einzelnen Datenendgeräte, die mit
der speziellen "Intelligenz" ausgestattet sind
* untereinander vernetzt
* mit einem Abteilungsrechner verbunden
* mit dem zentralen Computer verbunden

werden.
Die **zentrale Datenverarbeitung** fungiert schließlich als Daten-Pool.
Hier werden die Massendaten gespeichert und für die stern- und ringförmig
vernetzten Abteilungs- und Arbeitsplatz-Rechner zum Abruf aktuell
bereitgehalten.

Weitere Daten-Hilfsmittel können zur Kommunikation bei
Sonderanwendungen, wie z.B. der
- Gefahren-Melde-Technik (GMT)
- Gebäude-Leit-Technik (GLT)
- Ablauf-Steuerungs-Technik

beschafft und eingesetzt werden.

5.3 Die Informationswert-Analyse

Die unternehmerische Entscheidungsfindung kann von verschiedenen
Methoden zur **Feststellung von Informations-Werten** unterstützt
werden. Voraussetzung sind die Kenntnis und die Handhabung sowie die
Überzeugung von der Notwendigkeit dieser Methoden. An einem Beispiel
soll die Anwendung und die Notwendigkeit einer Informationswert-Analyse
dargestellt werden.
In diesem Buch wird die *Zielorientierung des Informationsmanagements*
auch unter Berücksichtigung der **Wirtschaftlichkeit** besonders
dargestellt. Diese Zielorientierung, die die Erstellung eines Zielsystems in
Form einer "harmonischen Zielkomposition" voraussetzt [45], findet gerade
bei der Informations-Bewertung ihren Niederschlag.

Für die Informationswert-Analyse gilt:

Der Wert einer Information ist umso höher,
je besser sich die Information am Zielsystem
des Unternehmens orientiert.

45) siehe Kapitel 2.6.1

Voraussetzung ist ein Ziel-System für das Unternehmen, deren Einzelziele gewichtet sind und zueinander in Beziehung stehen. Hier werden zunächst die strategischen Ziele beurteilt.

Um die Informationen zuordnungsfähig und vergleichbar zu machen, wird empfohlen, den **Zielbezug** - als Skalar- oder Prozentwert - jeder Information **im festgelegten Zielsystem** mit der Frage zu ermitteln:

    Wie wichtig ist die zu bewertende Einzelinformation für das jeweilige Ziel?

Dafür wird jede Information mit jedem Einzelziel unter Berücksichtigung des Verhältnisses dieses Zieles zum Gesamtziel bewertet.

Die Informationswert-Analyse kann in folgenden drei Schritten durchgeführt werden:

    1. Schritt: Information - Einzelziel - Bewertung
    2. Schritt: Information - Gesamtziel - Bewertung
    3. Schritt: Beurteilung der Informations-Versorgung nach der Wirtschaftlichkeit

Diese drei Schritte werden im folgenden Beispiel verdeutlicht:

Beispiel einer Informationswert-Analyse:

Für das folgende, vereinfachte Zielsystem soll der Wert von Einzel-Informationen ermittelt werden.

    Ziel Z_A: *Umsatzmaximierung*

        relative Bedeutung im Zielsystem: **50 %**

    Ziel Z_B: *Marktanteile absichern*

        relative Bedeutung im Zielsystem: **30 %**

    Ziel Z_C: *Liquiditätsoptimierung*

        relative Bedeutung im Zielsystem: **20 %**

    1. Schritt: *Information - Einzelziel - Bewertung*

Bei der Bewertung wird davon ausgegangen, daß eine Information <u>ohne Aussage</u> für ein Ziel (Z_A) die Bewertung mit "0 %", mit <u>höchster Aussage</u> für ein Ziel (Z_A) die Bewertung mit"100 %" erhält. Jede Information, die <u>keine eindeutige Zielaussage</u> beinhaltet - *unscharfe Informationen* - liegt in ihrer Bewertung zwischen den Extremwerten von "0 %" und "100 %". Diese sogenannten *"unscharfen Informationen"* sind subjektiven Bewertungsstandpunkten besonders ausgesetzt. Deshalb sollten diese Informationen von verschiedenen Personen unabhängig voneinander beurteilt und festgelegt werden. Danach müssen diese unterschiedlichen Bewertungen für *" unscharfe Informationen"* je Einzelziel zu **einer** Bewertung zusammengeführt werden.

<u>Beispiel:</u> die Information (I_1) " der Dollar-Kurs sinkt " hat für das strategische Ziel (Z_A) **"Umsatzmaximierung"** für ein export-orientiertes Unternehmen die relative Bedeutung von 70 %.
Die übrigen Informationen lauten:

I_2 = "der Diskontsatz sinkt"

I_3 = "Rohstoff-Engpaß ist zu erwarten"

I_4 = "in der Region sind Personalfreisetzungen zu erwarten"

I_5 = "Liefer-Engpaß bei Mitbewerbern"

Nach der Bewertung der verfügbaren Einzelinformationen I_1 - I_5 zu den Einzelzielen Z_A - Z_C kann folgende Bewertungs-Matrix aufgestellt werden:

	I_1	I_2	I_3	I_4	I_5
Z_A	70%	30%	50%	10%	80%
Z_B	90%	50%	30%	10%	90%
Z_C	90%	60%	10%	10%	30%

2. Schritt: *Information - Gesamtziel - Bewertung*

Der Wert jeder Einzel-Information im gesamten Zielsystem wird aus der relativen Gewichtung des Zieles zum <u>Gesamt-Ziel</u> nach folgendem Algorithmus errechnet:

$I_1(Z_{A,B,C})$ = (0,5 x 0,7)+(0,3x0,9)+(0,2x0,9) = **0,80**

$I_2(Z_{A,B,C})$ = (0,5 x 0,3)+(0,3x0,5)+(0,2x0,8) = **0,46**

$I_3(Z_{A,B,C})$ = (0,5 x 0,5)+(0,3x0,3)+(0,2x0,1) = **0,36**

$I_4(Z_{A,B,C})$ = (0,5 x 0,1)+(0,3x0,1)+(0,2x0,1) = **0,10**

$I_5(Z_{A,B,C})$ = (0,5 x 0,8)+(0,3x0,9)+(0,2x0,3) = **0,73**

Daraus kann folgende vollständige Bewertungs-Matrix aufgestellt werden:

	I_1	I_2	I_3	I_4	I_5
Z_A	70%	30%	50%	10%	80%
Z_B	90%	50%	30%	10%	90%
Z_C	90%	60%	10%	10%	30%
Wert der Informationen im Gesamtziel-System	80%	46%	36%	10%	73%

Für die Informationsbewertung, die permanent erfolgen muß, ist ein Wertebereich der "nützlichen Informationen" festzulegen.

In einer Informationsbewertungs-Periode sind diejenigen Informationen für das Unternehmen als nützlich einzustufen, deren Zielbezug für das unternehmensspezifische Gesamtziel-System zwischen 70 % und 90 % liegen. Es wird dabei davon ausgegangen, daß bei einem derartigen Zielbezug der Informationen die **Entscheidungs-Produktivität** am höchsten ist.

Im vorliegenden Beispiel sind die Informationen I_1 und I_5 als *wertvoll*, die Informationen I_2 und I_3 als *unscharf* und die Information I_4 als *nutzlos* für das Gesamtziel-System zu bezeichnen. Sämtliche "*nutzlosen Informationen*" werden zugunsten der übrigen Informationen bei der weiteren Betrachtung vernachlässigt.

Eine derartige Bewertung von Informationen ist auf jeder Unternehmens-Ebene (U.-Bereich, Hauptabteilung, Abteilung, Team, Stelle) unter Berücksichtigung der entsprechenden Ziele als **Gesamtziel-System** möglich.

Grundsätzlich wird der Informationsbewertung nach dem Zielbezug in dieser Publikation der Vorzug gegeben, weil dadurch ein strenger Abgleich mit dem vorgegebenen **Gesamtziel-System** möglich wird.

3. Schritt: *Beurteilung der Informations-Versorgung nach der Wirtschaftlichkeit*

Auf den nunmehr vorliegenden Ergebnissen aufbauend gilt es, diese **wertvollen Informationen auf Dauer** bereitzustellen. Hierzu sind mögliche Alternativen zur dauerhaften Informationsversorgung und deren Wirtschaftlichkeit zu ermitteln.

Dies bedeutet, daß für die Beschaffung dieser **unternehmens-externen Informationen**

$$I_1 = \textbf{der Dollar-Kurs sinkt}$$

und

$$I_5 = \textbf{Lieferengpaß bei Mitbewerbern}$$

auf unterschiedliche externe Informationsquellen zurückgegriffen werden muß (siehe hierzu auch Kapitel 3.1.2).

Diese Informationsquellen sind in unterschiedlichster Ausprägung vorhanden. Sie können auch den verschiedenen Anforderungen entsprechend zur Verfügung gestellt werden. Dies sind u.a. die

* **Aktualität**
* **Genauigkeit**
* **Form**
* **Ausprägung**

der "wertvollen" Informationen. Die Bedeutung dieser Kriterien sind für jede Information einzeln zu bestimmen.

Mit dem Ziel der *Wirtschaftlichkeit* werden nun unter Beachtung der o.g. Kriterien die möglichen Alternativen zur dauerhaften **Informations-Versorgung am Beispiel der Einzel-Information** I_1 dargestellt. Dabei veranschaulicht dieses Beispiel - die Information "I_1 = der Dollar-Kurs sinkt" - sehr deutlich, daß bei dieser wertvollen Information nur die *Aktualität* und die *Genauigkeit*, nicht aber die Form und die Aufbereitung *wesentlich* zum Informationswert beiträgt. Hierbei entstehen für eine dauerhafte Beschaffung gleicher Informationen Kosten. Diese Kosten differieren nach dem Grad der Aktualität erheblich.

Die Information I_1 in den "Börsennachrichten im Wirtschaftsteil der Tageszeitung" ist **relativ billig, aber nur 24-Stunden-aktuell**. Die gleiche Information über einen "Online-Anschluß an eine Wirtschafts-Informations-Datenbank", wie z.B. dem Wirtschafts-informations-System "KISS" ist dagegen **relativ teuer, aber dafür stunden- bzw. minuten-aktuell.**

Für ein export-orientiertes Unternehmen ist eine "stunden-aktuelle" Information zwar teuer, aber wegen des hohen Nutzens im Gesamt-ziel-System (80%) trotzdem wirtschaftlich.

Die konsequente Ausrichtung an den Unternehmenszielen dient der Wirtschaftlichkeit einer dauerhaften Informationsversorgung. Diese zielorientierte Betrachtung zeigt letztlich den Nutzen - abgeleitet aus dem Informationswert - für die angestrebte optimale Management-Produktivität.

6 Wie wird Informationsmanagement in die betriebliche Organisation eingebunden?

6.1 Das Berufsbild des Informations-Managers

6.2 Stellenbeschreibung des Informations-Managers

6.3 Informationsmanagement in der Aufbauorganisation

6.4 Informationsmanagement in der Ablauforganisation

6.1 Das Berufsbild des Informations-Managers

Wegen der zunehmenden Bedeutung des Informationsmanagements in der nächsten Zukunft sollen das Aufgabengebiet des Informations-Managers und dessen Berufsbild ausführlich dargestellt werden.
Der Informations-Manager muß in der Lage sein, mehrere Rollen und Fachdisziplinen zielorientiert und sachgerecht miteinander in Einklang zu bringen und zu koordinieren. Welche Aufgaben dies sind, zeigt Bild 6.1 im Überblick.

Informationsmanager	
als	Führungskraft
	Planer
	Organisator
	Betriebswirt
	Informatiker
	DV-Spezialist
	Koordinator
	Psychologe
	Methoden-Experte
	Moderator

<u>Bild 6.1</u>: Berufsbild des Informations-Managers

In den nachfolgenden Abschnitten soll auf die Anforderungen an den Informations-Manager näher eingegangen und dessen Aufgaben im einzelnen beschrieben werden.

1. Der Informations-Manager als **Führungskraft**

Die wichtigsten Führungsaufgaben, die auch für den Informations-Manager Bedeutung haben, sind:

* Zielsetzung
  Aus den grundsätzlichen Unternehmenszielen leitet der Informations-Manager die für sein Aufgabengebiet relevanten/ wichtigen Ziele - Zielfindung - ab und plant die zugehörigen Aktivitäten. Hierzu gehören auch die Überwachung der Ziel-Durchsetzung sowie möglicherweise die Ziel-Anpassung.

* Kontrolle
  Der Informations-Manager kontrolliert laufend die Arbeitsergebnisse seines Aufgabenbereiches immer unter Berücksichtigung der Zielsetzung (PLAN-IST-Vergleich).

* Delegation
  Obwohl die Gesamtverantwortung für sein Sachgebiet "Informationsmanagement" immer beim Informations-Manager bleibt, wird er seinen Mitarbeitern Teilaufgaben des Informationsmanagements übertragen. Hierbei müssen die Bedingungen und die Voraussctzungen der Aufgaben-delegation berücksichtigt werden.

2. Der Informations-Manager als **Planer**

Der Informations-Manager plant sämtliche Informationsmanage-ment-Aktivitäten unter Zuhilfenahme moderner Planungs-techniken,wie z.B. Netzplan-Technik, Aufgaben- und Tätigkeitsmatrizen, Checklistenverfahren, Bewertungs-verfahren, Stellenbeschreibungen, Kommunikationsanalysen etc. Dabei ist es auch seine Aufgabe, die adäquate Planungstechnik auszuwählen und in den gesamten Informations-Prozeß bzw. betrieblichen Ablauf zu integrieren.

3. Der Informations-Manager als **Organisator**

Gerade bei der Konzeption und Überwachung der betrieblichen Aufbau- und Ablauforganisation entstehen für den Informations-Manager wichtige organisatorische Aufgaben. Einerseits muß er die betriebliche Aufbauorganisation den Erfordernissen des ziel-orientierten Informationsmanagements anpassen oder gestalten, andererseits die notwendigen ablauforganisatorischen Regelungen veranlassen. Dieses Aufgabengebiet, das unter Kapitel 6.3 und 6.4 näher beschrieben ist, gehört zu einem Schwerpunkt seiner Tätigkeiten.

4. Der Informations-Manager als **Betriebswirt**

Eine qualifizierte betriebswirtschaftliche Ausbildung ist für den Informations-Manager eine wichtige Voraussetzung, da für dieses Aufgabengebiet ein breit gefächertes Wissen über sämtliche betrieblichen Funktionen (Rechnungswesen, Produktion, Beschaffung, Vertrieb usw.) gefordert wird. Die generelle Kenntnis der betrieblichen Zusammenhänge mit den erforderlichen Informations-Schnittstellen stellt eine weitere Voraussetzung dar.

5. Der Informations-Manager als **Informatiker**

Wichtig sind jedoch auch umfassende Kenntnisse der Betriebs- und Wirtschaftsinformatik, da diese Grundvoraussetzung für eine sachgerechte Informationsverarbeitung darstellen. Daneben stellen Kenntnisse oder Erfahrungen über Einsatzmöglichkeiten der Kommunikations- und Erhebungstechniken eine wertvolle Ergänzung dar. Der Informations-Manager muß die Fortentwicklung der Informatik laufend beobachten, um gegebenenfalls das betriebliche Informationsmanagement entsprechend anzupassen und weiterzuentwickeln.

6. Der Informations-Manager als **DV-Spezialist**

Da der DV-Fachmann in erster Linie "Techniker" ist, genügen dem Informations-Manager hier Grundkenntnisse der Datenverarbeitung. Trotzdem sollte nicht übersehen werden, daß die Datenverarbeitung ein wesentliches Hilfsmittel bei der Einführung und der Umsetzung der Informations-Verarbeitung ist und auf absehbare Zeit bleiben wird. Der Informations-Manager muß in der Lage sein, die notwendigen technischen Einrichtungen für die Datenverarbeitung und -weiterleitung zu beurteilen.

7. Der Informations-Manager als **Koordinator**

Da der Informations-Manager über sämtliche betrieblichen Funktionsbereiche koordinierend, d. h. zusammenführend und steuernd tätig wird, sind umfangreiche Koordinationserfahrungen erforderlich.

Sämtliche Fachbereiche/Abteilungen eines Unternehmens sind am Informationsmanagement entweder als **Informations-Lieferant** oder als **Informations-Empfänger** optimal zu beteiligen. Der Nutzen, der durch das Informationsmanagement entsteht, ist ebenfalls jedem Unternehmens-Bereich zur Verfügung zu stellen.

8. Der Informations-Manager als **Psychologe**

Für eine effiziente Bearbeitung der anstehenden Sachaufgaben des Informationsmanagements und deren sachgerechte Koordination ist eine gute Portion "sozialer Intelligenz" notwendig.
Informationsmanagement heißt auch: "den Menschen in den **Informations-Prozeß einbeziehen!**" Ein konfliktfreier **Informations-Prozeß** erfordert "psychologisches Einfühlungsvermögen" des Informations-Managers.

9. Der Informations-Manager als **Methoden-Experte**

Auch die Kenntnis und Praxiserfahrung moderner Methoden der Betriebswirtschaft, der Informationsverarbeitung sowie aller Management-Funktionen sind für den Informations-Manager von grundlegender Bedeutung. Informationsmanagement bedeutet auch immer: **Einsatz der richtigen Methode für den richtigen Zweck!**
Diesem Grundsatz folgend, muß der Informations-Manager auch bereit und fähig sein, die Methoden-Entwicklung laufend zu verfolgen und zu beurteilen.

10. Der Informations-Manager als **Moderator**

Kenntnisse und Erfahrungen der Moderationspraxis sind erforderlich, da der Informations-Manager bei vielen Abstimmprozessen Koordinationsarbeit leisten muß. Er muß ständig die teilweise gegeneinander laufenden Interessen der einzelnen Fachabteilungen ausgleichen. Die daraus entstehenden Zielkonflikte müssen von ihm aufgefangen, ausgeglichen und in das gesamte Informations-Konzept integriert werden.

6.2 Stellenbeschreibung des Informations-Managers

Das Berufsbild des Informations-Managers wird sicherlich erst in einigen Jahren exakt beschrieben werden können. Wir wollen versuchen, diese Stellenbeschreibung aus heutiger Sicht zu formulieren. Bild 6.1 stellt die an klassischen Kriterien ausgerichteten Komponenten einer Stellenbeschreibung im Überblick dar. Diese Komponenten werden im folgenden detailliert beschrieben:

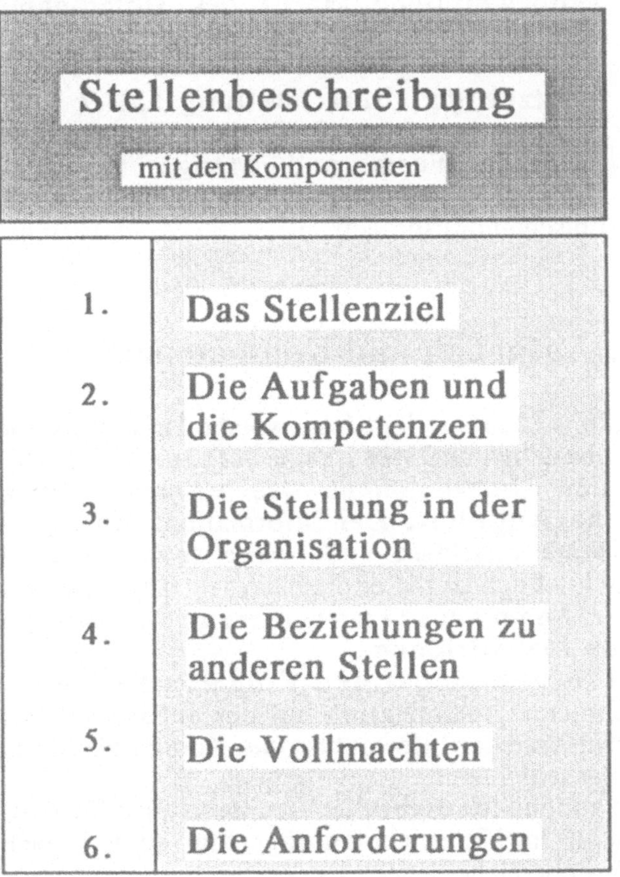

Bild 6.2: Komponenten einer Stellenbeschreibung

6.2.1 Das Stellenziel

Die "Stellenziele" für den Informations-Manager sind:

* Aufbau eines optimalen, unternehmerischen Informations-managements unter Einbeziehung sämtlicher betrieblicher Funktionen

* Verbesserung der Informations-Infrastruktur, damit die wettbewerbliche Macht des Unternehmens erreicht, erhalten oder erhöht wird.

* rechtzeitige Bereitstellung aller erforderlichen Informationen - **Informations-Potential** - in der richtigen Form und Menge für die jeweiligen Entscheidungsträger und den entsprechenden Entscheidungsprozeß.

6.2.2 Die Aufgaben und Kompetenzen

Der Informations-Manager legt fest, welche **Informationsquellen** im Unternehmen bestehen und wer welche Informationen erhält. Er bewertet aus Sicht des Unternehmens das **externe und interne Informations-Angebot.** Der Informations-Manager beschreibt die internen Informationsflüsse und -wege sowie deren Wirkung und Bedeutung. Schließlich **berät** er die **oberste Entscheidungsebene** bei sämtlichen **Informations-Entscheidungen und Informations-Investitionen.**
Er entwickelt **Informations- und Kommunikations-Strategien** für das Unternehmen. Grundsätzlich hat der Informations-Manager über sämtliche Beschlüsse der Information und Kommunikation zu entscheiden bzw. mitzuentscheiden.
Da der Informations-Manager die Verantwortung für den reibungslosen Informationsfluß im Unternehmen trägt, muß seine Entscheidungsmacht über der der Fachbereiche liegen.

6.2.3 Stellung in der Organisation

Der Informations-Manager ist entweder **Mitglied der** jeweiligen **obersten Entscheidungsebene** oder muß als **Bereichsleiter** des Ressorts "Informationsmanagement" direkt an den Vorstand oder an die Geschäftsleitung berichten. Er ist der Fachbereichs-Ebene in jedem Fall **übergeordnet.** Nur in dieser Stellung ist es ihm möglich, auf sämtliche betriebliche Ressourcen zuzugreifen, die für den Aufbau, den Ausbau und die langfristige Sicherung eines optimalen zielorientierten Informationsmanagements notwendig sind. Kompetenzprobleme müssen für diese funktionsübergreifende Tätigkeit ausgeschlossen werden.

6.2.4 Beziehungen zu anderen Stellen

Der Informations-Manager ist Mittler zwischen sämtlichen Informations-Nutzern - als Informations-Inhaber oder als Informations-Lieferant -. Insofern ist er Bindeglied zwischen der Unternehmensleitung, den Fachbereichen und der DV-Abteilung.
Er stimmt sich mit der **DV-Abteilung** bei den erforderlichen Hardware- und Software-Entscheidungen ab und berät diese. Dabei hat er abzuschätzen, ob diese Beschaffungen mit den geplanten Systementscheidungen auf dem Gebiet des Informationsmanagements übereinstimmen.
Der Informations-Manager berät den **Bereich "Öffentlichkeitsarbeit"** über die einzusetzenden Medien, die zu benutzenden Kommunikations-Wege und die Informations-Inhalte.
In besonderen Fällen stimmt der Informations-Manager mit dem **Datenschutzbeauftragten** die Informations-Versorgung der Fachbereiche ab.
Darüber hinaus legt der Informations-Manager die Richtlinien und Regeln für die Informations-Bewertung, -Auswahl und -Aufbereitung in Abstimmung mit den betroffenen **Fachbereichen** fest.
Sämtliche Entscheidungen der **allgemeinen Organisation** - Aufbau- und Ablauforganisation - haben auschließlich nach vorheriger Abstimmung und im Einvernehmen mit dem Informations-Manager zu erfolgen. Das gilt besonders in Fragen der unternehmensweiten Informationsversorgung und des Einsatzes der erforderlichen Kommunikations-Techniken.
Auch der Bereich **Controlling einschl. Revision** sollte bei der Durchführung seiner Aufgaben eng mit dem Informations-Manager zusammenarbeiten und sich in Fragen der Informations-Versorgung mit diesem abstimmen.

6.2.5 Die Vollmachten

Der geregelte betriebliche Informationsfluß muß konfliktfrei sichergestellt werden. Deshalb muß der Informations-Manager eingreifen können, um unkontrollierbare Informations-Flüsse zu unterbinden bzw. in geregelte Bahnen zu leiten. Als Bindeglied zwischen der Unternehmensleitung, den Fachbereichen und der DV-Abteilung **regelt** er sämtliche **Informations-Pflichten** und **-Rechte.**
Er hat Zugang zu sämtlichen internen Informations-Beständen und ein uneingeschränktes Informations-Recht. Informations-Anforderungen der einzelnen Fachbereiche werden von ihm beurteilt. Dabei entscheidet er auch über deren Einbeziehung in den betrieblichen Informations-Prozeß.

6.2.6 Die Anforderungen

Der Informations-Manager muß sämtliche Einsatzmöglichkeiten der Informations- und Kommunikations-Technologien beurteilen und bewerten können. Voraussetzungen dafür sind
- die sachgerechten **Fachkenntnisse**
- die erforderlichen **Fähigkeiten** sowie
- die zielorientierte **Berufsausbildung** und
  insbesondere **Berufserfahrung.**

Als **Fachkenntnisse** für den Informations-Manager sind Kenntnisse [46] der
* Betriebs- und Volkswirtschaft
* Organisation
* Marketing
* Informatik
* Informations- und Kommunikationstechnologien
* Psychologie
* Verfahren und Methoden des Informationsmanagements

zu nennen. Ergänzend hierzu ist ebenfalls branchenspezifisches Wissen zweckmäßig.
Die **Fähigkeiten** des Informations-Managers sind u. a. durch
* soziale Kompetenz
* Teamfähigkeit
* Entscheidungswilligkeit
* Lernfähigkeit
* analytisches Denken
* Verhandlungsgeschick

gekennzeichnet.

---

46) siehe auch Kapitel 6.1

Neben einer zielorientierten **Berufsausbildung** (z. B. als Diplom-Kaufmann, Diplom-Informatiker oder Diplom-Betriebswirt) ist besonders auf eine langjährige **Berufserfahrung** Wert zu legen.
Im Rahmen der Berufstätigkeit müssen auch Erfahrungen in Fragen der Organisation und Datenverarbeitung, besonders in der Informations-Logistik sowie vom sachgerechten Verfahrens- und Methodeneinsatz bei der Informations-Gestaltung, gesammelt werden.

6.3 Informationsmanagement in der Aufbauorganisation

Eine sachgerechte Eingliederung des Informationsmanagements in den Organisationsplan des Unternehmens ist erfoderlich, damit der Informations-Manager sein Aufgabengebiet effizient bearbeiten und die an ihn gestellten Anforderungen erfüllen kann.

Information als wichtiger unternehmerischer Produktionsfaktor erfordert die gesamte Kompetenz und Verantwortung einer entsprechend eingegliederten und ausgestatteten Stelle.
Grundsätzlich sollte deshalb der Informations-Manager **Mitglied der Geschäftsleitung oder des Vorstandes sein.** Sollte aus unternehmenspolitischen Gründen eine derartige Eingliederung nicht möglich sein, so müßte der Informations-Manager jedoch mindestens unmittelbar der Geschäftsleitung unterstellt sein. [47]
Eine hierarchische Einbindung auf einer niedrigeren Ebene würde mit großer Wahrscheinlichkeit zum Scheitern eines zielorientierten Informationsmanagements beitragen. Deshalb ist eine solche aufbauorganisatorische Eingliederung abzulehnen.

Im folgenden sind beispielhaft einige Vorschläge für Organisationspläne zur Einbindung des Informationsmanagements in die Aufbauorganisation des Unternehmens dargestellt. Dabei muß aber besonders darauf hingewiesen werden, daß ein zweckgerichteter Organisationsplan immer unternehmens-individuell zu erstellen und zu gestalten, d.h. **"mit Leben zu füllen"**, ist.

---

47) siehe hierzu auch Kapitel 6.2.3

Bild 6.3 zeigt, wie das Informationsmanagement in einer funktionalen Aufbauorganisation als Vorstandsbereich eingebunden werden kann.

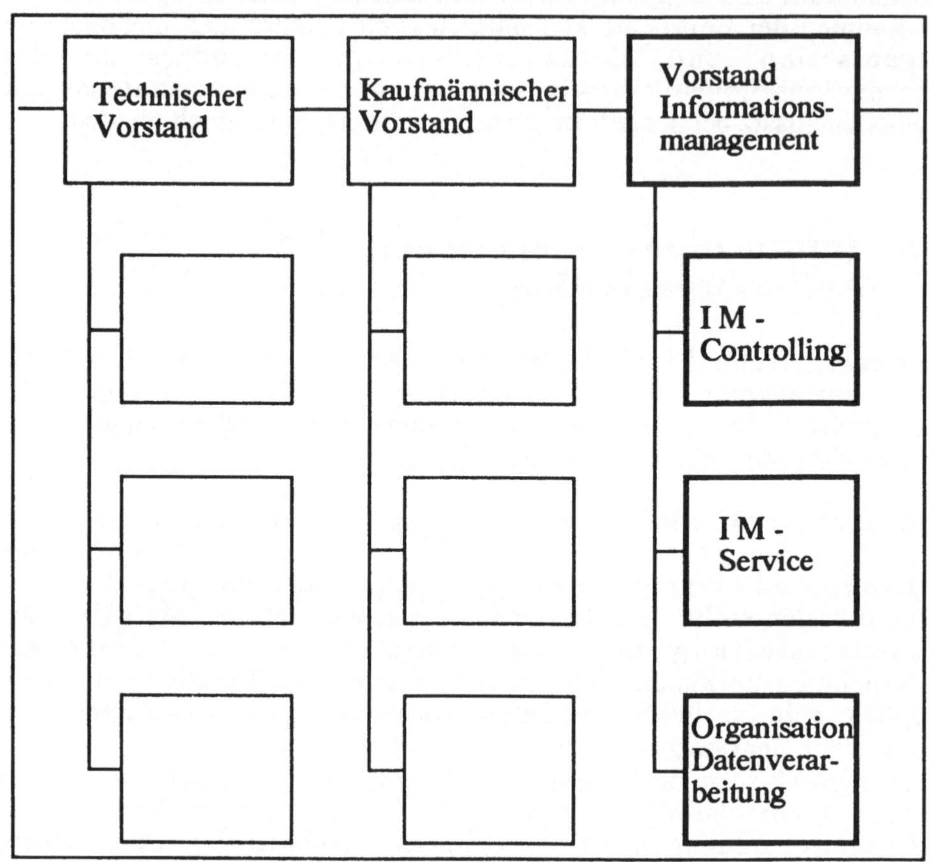

<u>Bild 6.3:</u> Informationsmanagement in der funktionalen Aufbauorganisation
         als Vorstandsbereich

Die Bilder 6.4 und 6.5 stellen das Informationsmanagement in einer funktionalen Aufbauorganisation als eigenständigen Geschäftsbereich dar. Dieser Geschäftsbereich "Informationsmanagement" kann als Linien-Organisation oder als Stab-Linie-Organisation aufgebaut werden.

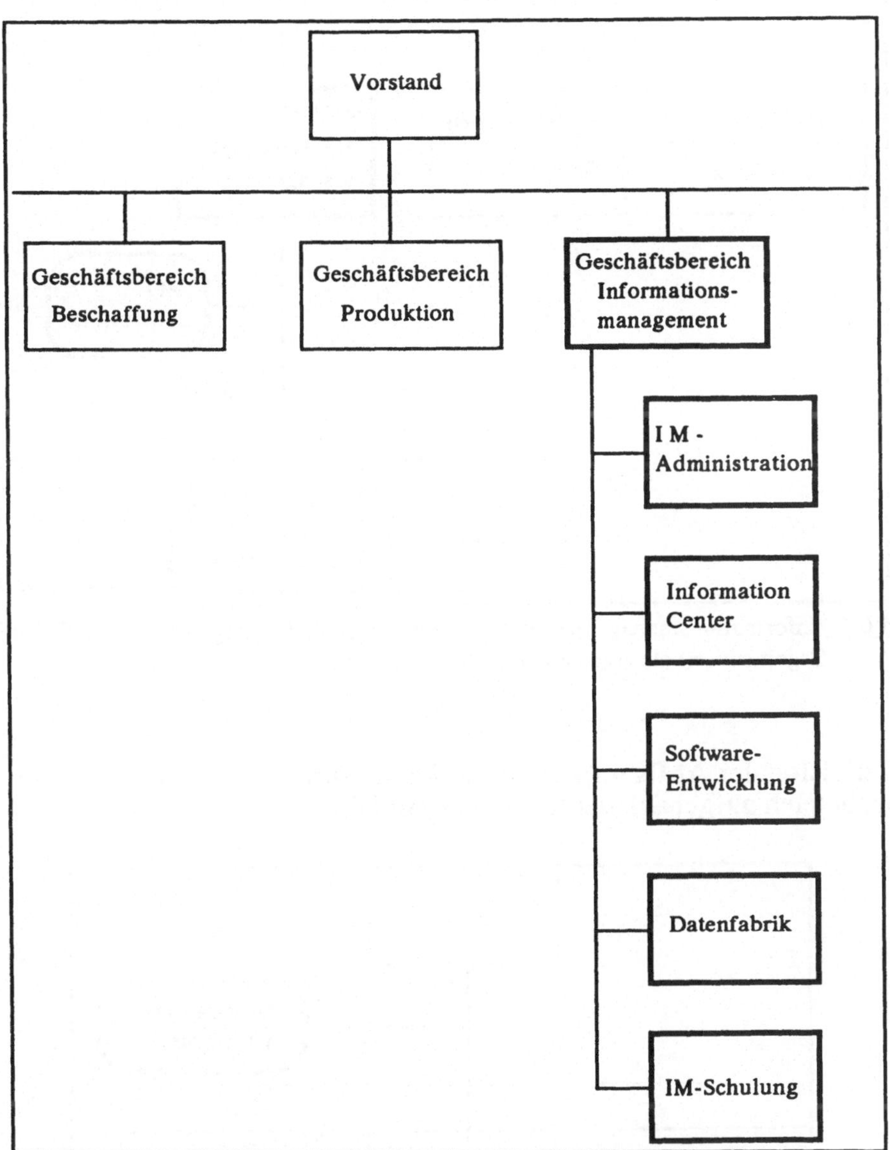

Bild 6.4: Informationsmanagement in der funktionalen Aufbauorganisation als eigenständiger Geschäftsbereich

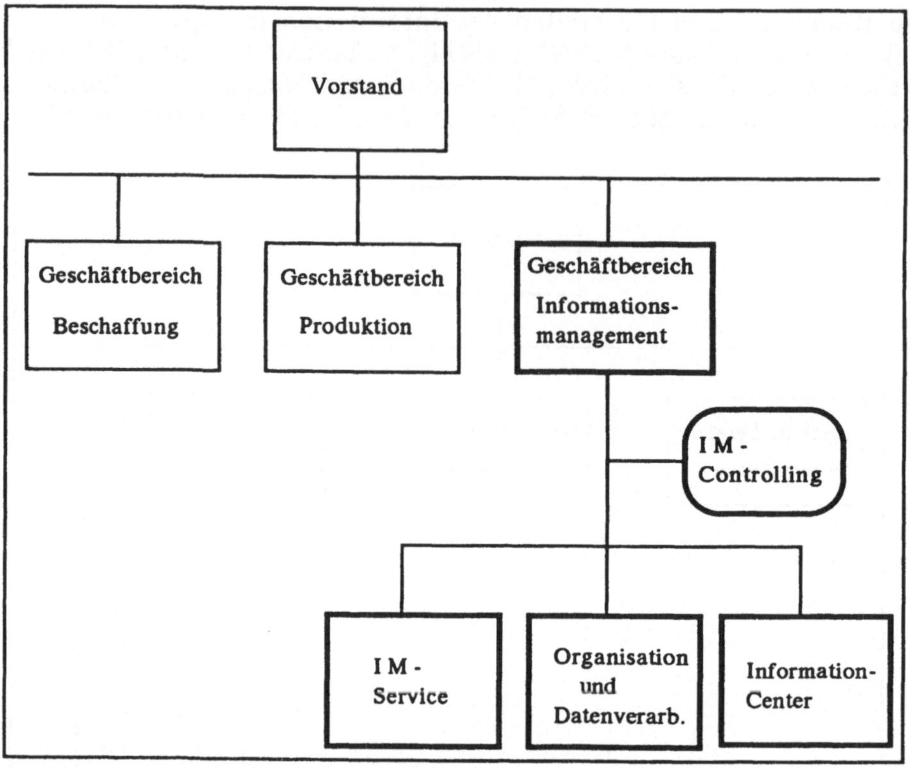

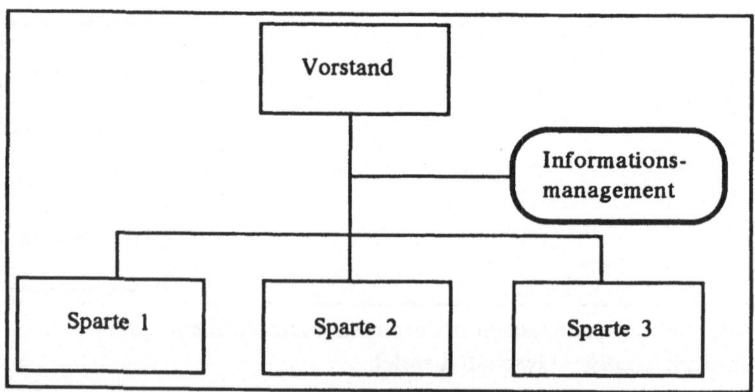

Bild 6.5: Informationsmanagement in der funktionalen Aufbauorganisation (Stab-Linie-Organisation) als eigenständiger Bereich

Bei divisionaler Aufbauorganisation kann "Informationsmanagement" als Stabsbereich aufgebaut werden (siehe Bild 6.6).

Bild 6.6: Informationsmanagement bei divisionaler Aufbauorganisation als Stabsbereich

Bild 6.7 zeigt ein mögliches Organigramm einer Spartenorganisation, bei dem "Informationsmanagement" als Zentralbereich eingebunden ist.

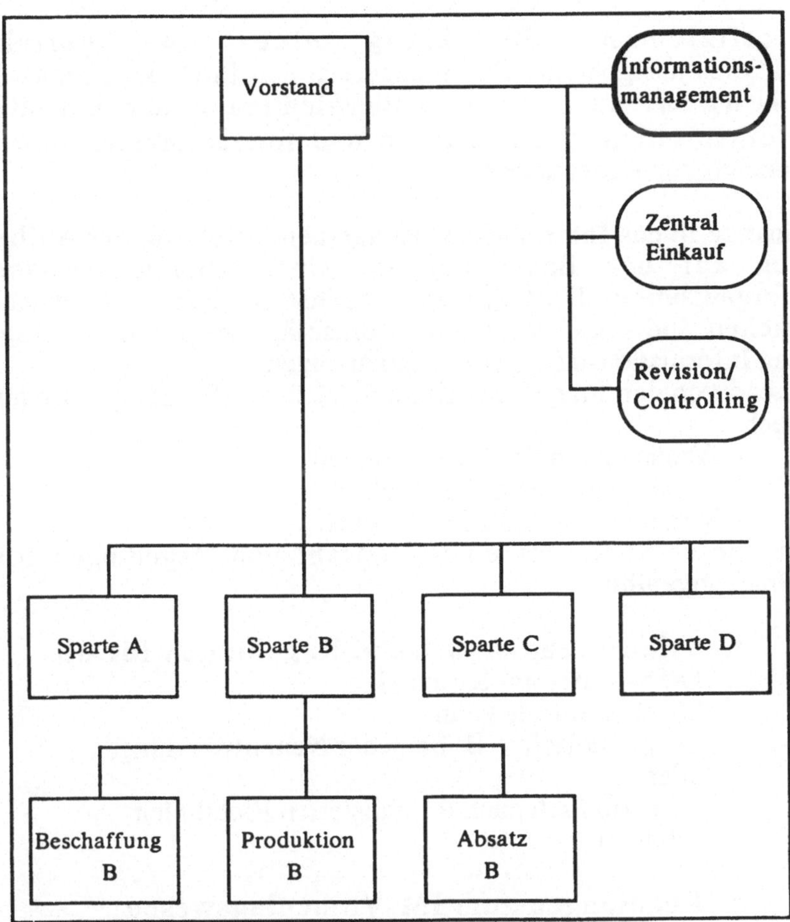

Bild 6.7: Informationsmanagement bei divisionaler Organisationsform (Spartenorganisation) als Zentralbereich

6.4 Informationsmanagement in der Ablauforganisation

Zur effizienten Abwicklung eines zweckgerichteten Informationsmanagements sind sachgerechte **ablauf-organisatorische Regelungen**, auch unter Berücksichtigung der Leitsätze zur Ablauforganisation [48] zu erstellen und fortzuschreiben bzw. deren Berücksichtigung sicherzustellen.

Der Einstieg in das Informationsmanagement erfolgt in der Aufbauphase vielfach auf der Basis der im Unternehmen vorhandenen Ablauforganisation. Dort gilt es zunächst, mögliche Schwachstellen festzustellen und organisatorische Vorschläge zu deren Beseitigung in Richtung Informationsmanagement aufzuzeigen.
Ausgehend von den Fragen aus Kapitel 3.1.2 - Informations-Bedarf - wie z. B. nach
- Abhängigkeit der Informationen
- Versorgung von Schnittstellen
- Verarbeitung der Informationen

sind an dieser Stelle aus einer Vielzahl von Regelungen folgende beispielhaft angeführt:

* **ablauforganisatorische Regelungen für die Informations-Kontrolle**
  Diese Kontrolle kann
  - sporadisch z. B. bei jeder Neuentwicklung
  oder
  - periodisch nach formalisierten Richtlinien
  erfolgen.

* **Regelungen zum IM-Vorschlagswesen**

* **Regelungen zum Informationsaustausch** auf der Basis der vorhandenen Beschreibungen der Ablauforganisation
  - Funktionsmatrix
  - Tätigkeitsbeschreibungen
  - Aufgabenlisten
  - Arbeitspläne
  - Arbeitsablaufpläne

Diese und andere Regelungen sind für das Informationsmanagement von grundlegender Bedeutung.

---

48) siehe Kapitel 2.4.1

7 Was kostet und welchen Nutzen bringt das Informationsmanagement?

7.1 Was kostet das Informationsmanagement?

7.1.1 Einmalige Kosten für das Informationsmanagement

7.1.2 Laufende Kosten für das Informationsmanagement

7.2 Welchen Nutzen bringt das Informationsmanagement?

7.2.1 Quantifizierbarer Nutzen durch das Informationsmanagement

7.2.2 Nichtquantifizierbarer Nutzen durch das Informationsmanagement

7.1 Was kostet das Informationsmanagement?

Die Einführung neuer Verfahren und Methoden für ein zielorientiertes Informationsmanagement macht es zwangsläufig erforderlich, daß die Frage nach den Kosten und den Nutzen sowie der damit verbundenen Wirtschaftlichkeit gestellt wird.

Aber entstehen tatsächlich Mehrkosten?

Grundsätzlich muß darauf hingewiesen werden, daß ein Großteil der Kosten für das Informationsmanagement in jedem Fall an anderer Stelle im Unternehmen entsteht, da das Sachproblem der Informations-Versorgung zwangsläufig gelöst werden muß, u. a. auch um das Überleben des Unternehmens strategisch zu sichern.

Unter Berücksichtigung dieser Betrachtung ist die Kostenfrage für das Informationsmanagement zunächst lediglich *eine Frage der sachgerechten Kostenverteilung.* Natürlich werden besonders in der Vorbereitungs- und Aufbauphase im gewissen Umfang zusätzliche Kosten entstehen. Diese zusätzlichen Anfangskosten können aber bereits nach kurzer Zeit durch entsprechende Einsparungen und zusätzlichen Nutzen *zumindest ausgeglichen* werden.

Vielfach können Informations-Kosten nicht eindeutig dem Erreichen der Unternehmensziele zugeordnet werden, sondern "verschwinden" innerhalb der Kostenrechnung im Unternehmen. Obwohl derartige Kosten oft bis auf drei Nachkommastellen geführt werden, erfolgt nicht immer eine zielorientierte Zuordnung.

Mit Hilfe eines zielorientierten und methodischen Informationsmanagements werden derartige Kosten
- transparenter
- kalkulatorisch besser zuordnungsfähig und
- aus den Unternehmenszielen eindeutig ableitbar.

Das zielorientierte Informationsmanagement verursacht auf Dauer keine <u>zusätzlichen</u> Kosten!

Die Kosten für das Informationsmanagement gliedern sich in
* **einmalige** Kosten
* **laufende** Kosten

Im folgenden Abschnitt werden diese Kosten detailliert erläutert.

7.1.1 Einmalige Kosten für das Informations- management

Die einmaligen Kosten bestehen im wesentlichen aus Kosten für die

Planung und Einführung des Informationsmanagements
> Sie bestehen im wesentlichen aus internen und externen Beratungskosten für die Planung des unternehmensspezifischen Gesamtkonzeptes und dessen Einführung.

Analyse des Informations-Bedarfes, der Informations- Beurteilung sowie der Ermittlung der Informations-Flüsse
> Diese Kosten bestehen hauptsächlich aus Personalkosten für die Erstellung der Matrizen des Informations-Bedarfs, für die systematische Informations-Beurteilung z. B. mit einer Informationswert-Analyse sowie für die Darstellung sämtlicher Informations-Flüsse.

Erstellung des unternehmensspezifischen Informations-Modells
> Hier fallen neben Personalkosten gegebenenfalls Beratungskosten zur Erstellung des Informations-Modells an.

DV-Unterstützung der Einführung des Informationsmanage- ments
> Hierbei entstehen Kosten für die Bereitstellung der sachgerechten Hardware (Personal-Computer) und Software zur Planung, Erfassung, Speicherung und Abbildung des Informations-Modells.

Einrichtung der Daueraufgaben des Informationsmanagements
> Hierzu zählen die Kosten für die organisatorische Vorbereitung, die Beschaffung der Sachmittel und des Personals sowie die Personalschulung und deren organisatorische Eingliederung.

7.1.2 Laufende Kosten für das Informations-management

Die laufenden Kosten sind die Kosten, die **nach** der - erstmaligen - Planung und Einführung eines zielorientierten Informationsmanagements zur Aufrechterhaltung und Fortschreibung des Informationsmanagements entstehen. Diese Kosten bestehen aus **Aufwendungen für den IM-Service**, dazu zählen Kosten für

Fortschreibung des Gesamtkonzeptes

Administration

Information Center

Software-Entwicklung

Datenfabrik

Controlling

Personal-Bereitstellung

Da die Aufgaben des IM-Service und des IM-Controllings vielfach mit **vorhandenem Personal** bewältigt werden müssen, entstehen dem Unternehmen meistens keine zusätzlichen Personalkosten. Oftmals ist nur eine zielgruppenorientierte Schulung und eine zweckgerichtete Anpassung der Aufbau- und Ablauforganisation erforderlich.
Absolute Voraussetzung ist allerdings eine entsprechend **qualifizierte Personalführung und Personalentscheidung.** Diese Tätigkeiten haben unter absoluter Sachlichkeit zu erfolgen, wenn nicht die gesamte Einführung von Anfang an zum Scheitern verurteilt werden soll.
Besonders während der Aufbau- und Anfangsphase des Informationsmanagements wird empfohlen, auf die Unterstützung eines erfahrenen, externen Spezialisten zurückzugreifen und dessen Erfahrungen/Erkenntnisse zu nutzen.

7.2 Welchen Nutzen bringt das Informationsmanagement?

Für eine Wirtschaftlichkeitsbetrachtung ist natürlich neben den Kosten der **Nutzen** eines zielorientierten Informationsmanagements von Bedeutung.
Sicher ist, daß eine optimale Informations-Logistik zunehmend zur *Überlebens-Notwendigkeit* des Unternehmens wird. Wer nicht danach handelt und die Augen vor diesen Tatsachen verschließt, läuft Gefahr, in einer *Sackgasse* zu enden.
Somit stellt sich nicht nur die Frage nach dem Nutzen, sondern auch nach der Notwendigkeit zur Einführung des Informationsmanagements.

Ein zielorientiertes und methodisches Informationsmanagement kann insbesondere in der Zukunft zu einem **beachtlichen Wettbewerbsvorteil** für viele Unternehmen werden.
Neben dem wirtschaftlichen Einsatz der klassischen Produktionsfaktoren ist **das zielorientierte Managen von Information** unabdingbare Voraussetzung, um neue Wertvorstellungen und Ansprüche mit der Verfügbarkeit möglicher Ressourcen, technischer Entwicklungen und Marktveränderungen in Einklang zu bringen.
Jedes Unternehmen, das übergreifendes Informationsmanagement praktiziert, wird auch in die Lage versetzt, sämtliche betrieblichen Prozesse zeitlich und wirtschaftlich zu optimieren.

Nachfolgend wird der **Nutzen** des Informationsmanagements stichpunktartig dargestellt. Es muß an dieser Stelle nochmals darauf hingewiesen werden, daß **ein** ausgewählter Nutzenaspekt bereits die Einführung des Informationsmanagements rechtfertigen kann.
Die Vergangenheit hat gelehrt, daß durch eine richtige Informationsversorgung wahrscheinlich einige Unternehmen "wirtschaftlich überlebt" hätten. Das wirtschaftliche Überleben jedes Unternehmens wird dauerhaft durch das zielorientierte Informationsmanagement unterstützt.

> # Informationsmanagement
> ## ein strategisches Instrument
> ## als Basis zum wirtschaftlichen Überleben

Zielorientiertes Informationsmanagement erhöht die Flexibilität und die Immunität gegenüber wirtschaftlichen Schwankungen. Es macht das Unternehmen wesentlich widerstandsfähiger.

7.2.1 Quantifizierbarer Nutzen durch das Informationsmanagement

In erster Linie muß der quantifizierbare Nutzen betrachtet werden. Dieser ist eher nachweisbar und häufig kurz- bis mittelfristig zu realisieren. Der quantifizierbare Nutzen kann folgendermaßen beschrieben werden:

Kostenreduzierung

Entscheidende Faktoren einer Kostenreduzierung sind

> o *eine umfassende Betrachtung in Form eines unternehmensspezifischen Informations-Modells,*

> o *eine aus den Unternehmenszielen abgeleitete Informations-Beurteilung*

> o *die nach einem dynamischen Informations-Bedarf entwickelten sachgerechten Informations-Flüsse*

Diese Kostenreduzierung kann sich in einer mittelfristigen Senkung des Aufwands, einerseits für die Informations- und Datenverarbeitung, andererseits für die Organisation im Unternehmen, niederschlagen.

Da sich der Wert von Informationen im wesentlichen an den Zielen des Unternehmens orientiert, werden diese wegen ihrer Zielorientierung auf den wesentlichsten Informationsbedarf konzentriert. Hierzu zählen vor allem Hardware- und Software-Investitionen. Aber auch andere Entscheidungen zur Beschaffung zusätzlicher Informations-Technik werden von dieser Kostenreduzierung wirkungsvoll tangiert. Das bedeutet, daß die Investitionen für das Informationsmanagement ebenfalls wesentlich am Bedarf ausgerichtet werden können.

Weitere Kostenvorteile ergeben sich durch einen konsequenten aufgaben-orientierten Personaleinsatz in verschiedenen Bereichen des Unternehmens. So können Mitarbeiter bei angepaßter Aufbau- und Ablauforganisation im Fach- und DV-Bereich wirkungsvoller eingesetzt und Hilfskräfte möglicherweise eingespart werden.

Darüber hinaus werden unwesentliche Informationen eingedämmt und unnütze Informationen vollständig ausgeschaltet.
Diese Tatsache führt zusätzlich zu einer erheblichen Eindämmung der zum Teil ineffizienten Papierflut. Ein Zusatznutzen besteht darin, daß Archive nicht weiter unkontrolliert wachsen und weitere Raumkosten verschlingen.

Rationalisierung

In vielen Unternehmen besteht das Problem, den **Datenüberfluß** in den Griff zu bekommen. Häufig reicht es bereits, überflüssige Daten einzudämmen. Oft ist auch das Phänomen festzustellen, daß ein Bereich mit Daten überversorgt, ein anderer Bereich dagegen unterversorgt ist. Es entsteht dann folgende **Konfliktsituation**, daß

> *jene, die die Informationen benötigen, diese nicht*
> *bekommen und andere, die die Informationen haben,*
> *diese nicht gebrauchen können!*

Die Beseitigung eines bestehenden Datenüberflusses kann also sowohl durch eine Eindämmung überflüssiger Daten als auch durch eine "richtige" Kanalisierung der Datenflüsse erfolgen. Es geht nicht darum, möglichst viele Daten an jeder Stelle im Unternehmen bereitzustellen, sondern nur diejenigen Informationen vorzuhalten, die tatsächlich benötigt werden.
Durch die Beseitigung des Datenüberflusses kann ein erheblicher quantifizierbarer Nutzen erzielt werden. Datenspeicher, eine sehr kostspielige DV-Investition, können eingespart werden und überflüssiger Datentransport, elektronischer Datentransport oder physischer Datentransport, kann so vermieden werden.

Entscheidungs-Vorteile

Durch die gezielte Schließung von Informations-Lücken - weiße Informations-Flecken - und die Behebung von Informations-Mängeln entstehen wesentliche Entscheidungs-Vorteile. Diese Entscheidungs-Vorteile können sich finanziell sowohl auf der Beschaffungsseite als auch auf der Absatzseite auswirken.

Zusätzlich entstehen Einsparungen durch "richtige" Entscheidungen wie z.B. bei der
* Lagerhaltung
* Produktions-Planung
* Personal-Einsatzplanung
* Werkstatt-Planung
* Touren-Planung
* Werbe-Planung
* Mitarbeiter-Einsatzplanung
* Verwaltungs-Planung
die im innerbetrieblichen Ablauf wirken.

Vermeidung von Informations-Fälschungen

Wie bereits hervorgehoben, führen "richtige Informationen" zu "richtigen Entscheidungen". Falsche oder verfälschte Informationen führen immer zu falschen Entscheidungen, die wiederum eine Kostenlawine auslösen können.

7.2.2 Nichtquantifizierbarer Nutzen durch das Informationsmanagement

Wesentliche Vorteile entstehen durch die Einführung des Informationsmanagements, die sich als **nichtquantifizierbarer Nutzen** darstellen. Dieser Nutzen kann nach dem jeweils vorhandenem Organisationsgrad eine erhebliche Spannweite von der verbesserten **Management-Produktivität** bis zur höheren **Benutzer-Zufriedenheit** haben. Ursprung dieses Nutzens ist fast ausschließlich die mit der Verminderung des Datenüberflusses verbundene Informations-Optimierung.

Im einzelnen kann u.a. folgender nichtquantifizierbarer Nutzen erzielt werden
Höhere Entscheidungs-Produktivität

Diese höhere Entscheidungs-Produktivität betrifft *sämtliche Ebenen* im Unternehmen. Es entsteht die Möglichkeit, neue Dienstleistungen im und außerhalb des Unternehmens anzubieten. Neue Produkte und neue Dienstleistungen können für Kunden bzw. Lieferanten oder Mitarbeiter angeboten werden.

Besonders positiv beeinflußt werden die Faktoren, die für die Wertschöpfung des Unternehmens ausschlaggebend sind. Dazu zählen
* Kosten für Produktionsfaktoren
* Kunden-Betreuung
* Auftragsgröße
* Kapazitäts-Auslastung
* Produkt-Qualität
* Markt-Bearbeitung
* Erkennen von Engpässen

Diese Vorteile eines zielorientierten Informationsmanagements führen im wesentlichen zu
- schnellerer Entscheidungsfindung
- wirtschaftlicherer Entscheidungsfindung
und sichern somit im erheblichen Maße *das strategische Überleben des Unternehmens.*

Höhere Durchdringung der Unternehmensziele

Durch die Beseitigung des Datenüberflusses können sich Führungskräfte und Sachbearbeiter produktiver im gleichen Zeitraum um ihre *eigentlichen Aufgaben* kümmern. Damit besteht die Gelegenheit, viel intensiver als bisher, die eigentlichen Abteilungs- und Stellenziele in die Arbeit einfließen zu lassen.

Qualitätsverbesserung

Bessere und weniger, aber die "richtigen" Informationen bedeuten eine erhebliche Qualitätsverbesserung der
* Produkte
* Arbeit
* Entscheidungen
* Beziehungen
für Management, Kunden und Lieferanten, aber auch für Mitarbeiter.

Personenunabhängigkeit der Informationen

Ein wichtiger, nicht zu unterschätzender Vorteil ist die Personenunabhängigkeit der Informationen durch den konsequenten Einsatz des Informationsmanagements. Keine wichtige Information muß "warten" bzw. im Informationsfluß "hängen bleiben" oder "versanden", nur weil der bearbeitende Mitarbeiter zur Zeit nicht verfügbar ist.

Verminderung unsicherer Entscheidungen

Entscheidungen können weitgehend auf der Basis gesicherter Informationen getroffen werden. Der Anteil der notwendigen **Entscheidungen unter Unsicherheit** wird entsprechen verringert. Auch dieser Vorteil kann erheblich zum Bestand des Unternehmens beitragen.

Benutzer-Zufriedenheit

Durch die Eindämmung der Informations-Flut und die korrekte Kanalisierung des Informations-Flusses erreichen den Nutzer - Kunde, Lieferant oder Mitarbeiter - nur die Informationen, die benötigt werden. Gleichzeitig müssen nur die Informationen erstellt und bereitgestellt werden, die angefordert bzw. absolut notwendig sind. Viele unnötige Informationen, die zwar oft verlangt aber nie genutzt wurden, entfallen. Das erspart zusätzliche Arbeit, schafft Zufriedenheit und ermöglicht die Konzentration auf das Wesentliche.

Zu Beginn dieses Kapitels wurde darauf hingewiesen, daß bereits **eine Nutzenkomponente** allein den Aufbau eines zielorientierten Informationsmanagements rechtfertigen kann. Der Großteil der Kosten für das Informationsmanagement fällt bereits ohnehin an anderen Stellen im Unternehmen - meist verdeckt - an. Trotz der zuvor genannten erheblichen Nutzenvorteile ist eine intensive Kosten-/Nutzen-Betrachtung über die Einführung eines Informationsmanagements erforderlich, wobei allerdings der Nutzenkomponente die höhere Beachtung beizumessen ist.

8 Wie entsteht ein "Expertensystem" für das Informationsmanagement?

8.1 Allgemeines zum "Expertensystem"

Unter "EXPERTENSYSTEM" sei im folgenden ein wissenbasiertes Informationssystem verstanden, das auf einem speziellen Regelwerk für EXPERTEN aufbaut. Bei einem "Expertensystem" handelt es sich immer um ein umfangreiches Informationssystem. Folglich ist ein *"Expertensystem"* ein Informationssystem, das in der Lage ist, auf der Basis vielfältiger und umfangreicher Daten sowie spezieller, festgelegter Regeln und Algorithmen Aufgaben zu bewältigen bzw. Lösungsansätze zu entwickeln, die auf Grund der Komplexität bisher nur ein Experte lösen konnte.

Es ist also ein *wissensbasiertes System* - ein Datensystem - dessen Hauptmerkmal eine große - breite und tiefe - Wissens-Basis ist. Diese Wissens-Basis ist eine umfangreiche Sammlung von Informationen. Meist handelt es sich dabei um Spezialwissen oder Expertenwissen zu einem bestimmten Themenkomplex. Als Experte ist jeder fachliche Mitarbeiter, u. a. aus den Bereichen Einkauf, Entwicklung/Forschung, Produktion/Fertigung, Vertrieb, Logistik zu verstehen.

Nach dem heutigen Kenntnisstand werden 3 Klassen von "Experten-systemen" unterschieden:
* Diagnose-Systeme
* Planungs-Systeme
* Simulations-Systeme

Voraussetzungen für die Entwicklung und den Aufbau von "EXPERTEN-SYSTEMEN" sind:
* erforderliche Wissens-Darstellung und -Transformation
* induktive und deduktive Schließverfahren
* heuristische Suchverfahren
* entsprechende Programmiersprachen - KI-Sprachen -
* erforderliche Rechnerstrukturen mit schnellen, leistungs-fähigen Speichern
* Einsatz der adäquaten Verfahren und Methoden

Ein zielorientiertes Informationsmanagement könnte mit seinen Ergebnissen in ein "Experten-System" münden.

8.2 Komponenten eines "Expertensystems"

Im wesentlichen besteht ein "Expertensystem" aus
* einer Wissens-Basis mit
  * einer Folgerungs-Komponente
  * einer Wissensakquisitions-Komponente
  * einer Erklärungs-Komponente
* einer Dialog-Schnittstelle

Auf die einzelnen Komponenten eines "Experten-Systems" hat der Benutzer über die Dialog-Schnittstelle Zugang und kann somit auf die in der Wissens-Basis gespeicherten Informationen zugreifen, um die Unternehmensabläufe und Entscheidungssituationen zu unterstützen.
Die Organisation eines "Expertensystems" kann schematisch und vereinfacht [49], wie dies Bild 8.1 zeigt, dargestellt werden. Die einzelnen Komponenten eines "Experten-Systems" werden in den nachfolgenden Abschnitten ausführlich beschrieben.

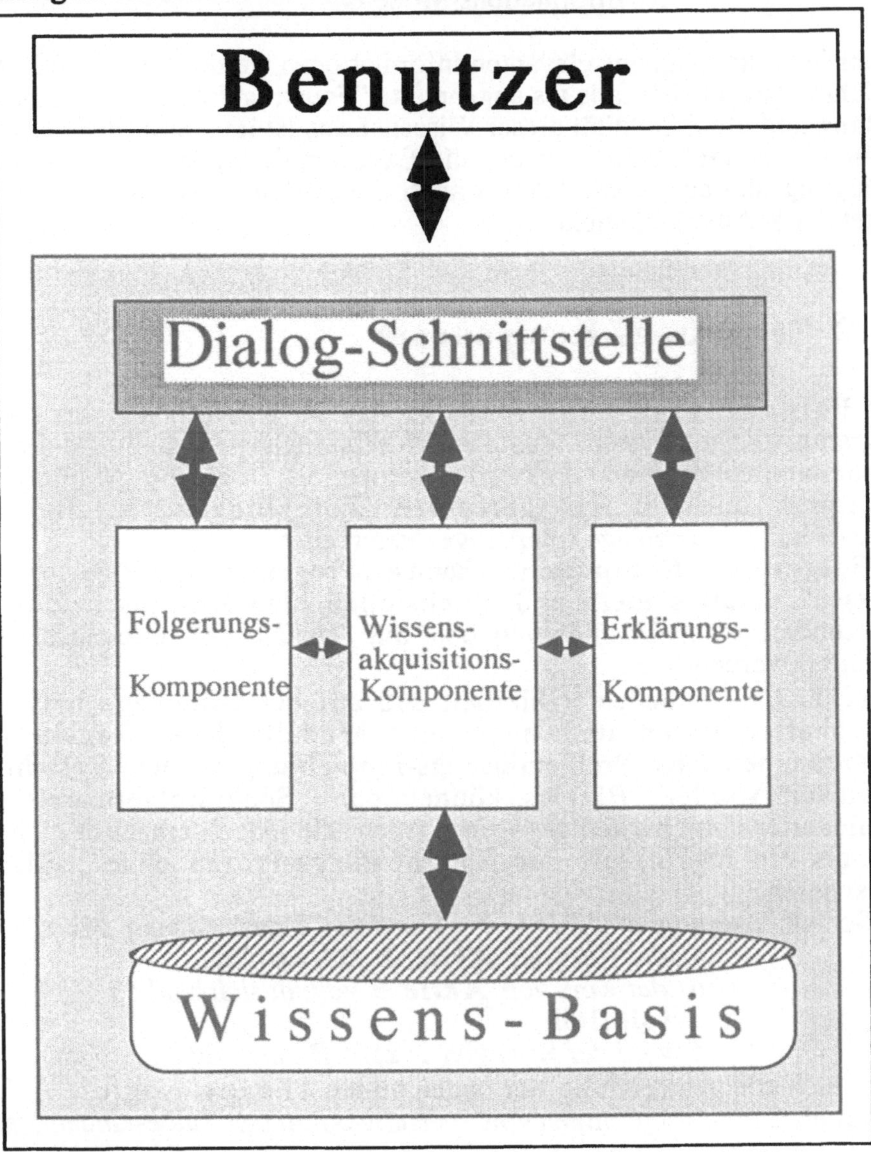

Bild 8.1: Komponenten eines "Experten-Systems"
49) Vgl. Stichternath, Wissensbasierte Systeme

8.2.1 Wissens-Basis

Sämtliche internen und externen Informationen eines Unternehmens können die **Wissens-Basis** bilden. Die **Wissens-Basis** bildet die unternehmens-spezifischen Aufgabenbereiche bezüglich
- des Informations-Bedarfes (IST-Matrizen)
- der Informations-Flüsse
- des Informations-Modells

ab.
Neben den unternehmensrelevanten Informationen werden auch heuristische Verfahren (gegebenenfalls als sogenannte "Faustregeln") einbezogen. Der Umfang und die Aktualität dieser Wissensbasis ist im wesentlichen davon abhängig, *wieviel Wissen wann* die Experten dieser Wissens-Basis zur Verfügung stellen. Somit kommt auch die laufende Aktualisierung mit vertretbarem Aufwand hinzu.

8.2.2 Folgerungs-Komponente

Eine **Folgerungs-Komponente** besteht im wesentlichen aus einem Programm-/Regel-System, das die IM-Wissensbasis (z. B. IM-Daten, -Zusammenhänge, und -Fakten) interpretiert, logische Ableitungen vornimmt und zu sachgerechten Folgerungen, z. B. als Entscheidungs-Vorschlag/-Alternative, verarbeitet.
Die **Folgerungs-Komponente** kann als Programm-/Regel-System das "Wissen" derart steuern und bereitstellen, daß IM-Entscheidungen insbesondere unter *Unsicherheit* oder mit *"Unschärfe"* erleichtert bzw. minimiert werden.
"Unschärfe" [50] bedeutet hierbei, daß auf der Grundlage teilweise lückenhafter Daten und ungenauer Modelle bzw. Regeln der IM-Zusammenhänge Problemlösungs-Empfehlungen oder -Vorschläge entwickelt werden. Hieraus können dann Schlußfolgerungen mit verminderter Unsicherheit gezogen werden, die jedoch erheblich sicherer sind als ein unstrukturierter Entscheidungs-Prozeß ohne jegliches Basiswissen.
Für Schlußfolgerungs-Ansätze in der Form von Plausibilitäten, wie z.B.
   o   *der Kurs der* **Aktie A** *fällt extrem*
   o   *der Kurs von* **Aktie B** *verhält sich ähnlich*
       folglich
   o   *wird der Kurs von* **Aktie B** *auch fallen*

bietet sich die Anwendung der sogenannten **"Fuzzy-Logic"** [51] , ein Ansatz für Schlußfolgerungen von *"verschwommenen Tatbeständen",* an.

50) Vgl. Brenner, Orakelsprüche..., S. 29
51) Vgl. Schöneburg, Inferenzmechanismen..., S. 30 f

8.2.3 Wissensakquisitions-Komponente

Die Wissensakquisitions-Komponente dient zum **Erwerb von Wissen.**
Dies bedeutet, daß
* das im Unternehmen vorhandene Wissen einschließlich der Quellen und deren Qualität festgestellt und in der Wissens-Basis festgehalten wird
* das für das Unternehmen benötigte externe Wissen festgestellt und soweit wie möglich in die Wissens-Basis einbezogen wird, sowie
* das Wissen durch Ergänzung und Überarbeitung sachgerecht in der Wissens-Basis fortgeschrieben wird.

Diese Aufgaben werden im wesentlichen im Rahmen des Knowledge Engineering (siehe Kap. 8.4) durchgeführt.

8.2.4 Erklärungs-Komponente

Ein wesentliches Merkmal eines IM-Expertensystems ist die **Erklärungs-Komponente.** Diese gibt darüber Auskunft, welche Regeln und Tatsachen für die jeweiligen Schlußfolgerungen vom IM-Experten-System verwendet wurden.
Die Erklärungs-Komponente ersetzt jedoch nicht den Denkprozeß, sondern hilft u.a.
- beim Testen von IM-Annahmen   *- Simulation -*
- bei der Erläuterung von Tatsachen,
  Situationen und Zusammenhängen   *- Diagnose -*
- bei Vorhersagen und Vorschlägen im
  IM-Entscheidungsprozeß   *- Prognose -*

Die Erklärungs-Komponente erhält erst im Zusammenwirken mit der Folgerungs- und Wissensakquisitions-Komponente ihre Aussagekraft.

8.2.5 Dialog-Schnittstelle

Die **Dialog-Schnittstelle** stellt den technologischen Zugang vom Benutzer zum Expertensystem dar. Sie unterstützt den Zugriff auf die Folgerungs-Komponente und Erklärungs-Komponente und über die Wissensakquisitions-Komponente auf die Wissens-Basis. Hierbei ist besonders auf leichte Bedienung und Benutzerfreundlichkeit zu achten. Die Dialog-Schnittstelle kann auch als Benutzer-Schnittstelle bezeichnet werden.

8.3 Einsatzgebiete eines "Expertensystems"

An dieser Stelle sei noch einmal daraufhingewiesen, daß ein "Expertensystem" im Grunde nichts wesentlich Neues ist. Häufig werden mit einem "Expertensystem" bereits bestehende Aufgaben mit gesicherten Daten, anerkannten Regeln und einer durchgängigen methodischen Vorgehensweise besser gelöst.

Die folgenden, beispielhaft aufgeführten **Einsatzgebiete für ein "Expertensystem"** unterstreichen diese Aussagen

* **Entwicklung und Fortschreibung eines *Zielsystems*** für das Unternehmen

* **Absatzvorhersagen** in Verbindung mit einer ***Marktsimulation***

* **Abschreibungsanalysen** in Verbindung mit ***Einsatzprognosen***

* **Anlageberatungen und -entscheidungen** in Verbindung mit ***Wirtschaftlichkeitsprognosen***

* **Produktentscheidungen** auf Grundlage ***chemischer Analysen und deren Zusammensetzungen***

* **Therapie-Vorschläge** auf der Basis medizinischer ***Analysen und Diagnosen*** sowie der vorliegenden Patienten-Daten

* **Aktien- und Anlage-Entscheidungen** nach den angenommenen ***Reaktions-/Verhaltensmustern***

* **Lieferanten-Auswahl** nach Analyse der vorliegenden Lieferanten-Daten als ***Kennzahlensystem***

* **Marktentscheidungen** nach ***Absatzprognosen*** auf der Basis vertrieblicher und ***demoskopischer Daten***

* **Produktionssteuerung** nach Analyse der bekannten Aufträge, Produktionskapazitäten, Lagerbestände und Absatzvorgaben sowie der ***möglichen Mitbewerber-Reaktionen***

* **Verkehrsüberwachung** in Abhängigkeit von ***Fahrzeugaufkommen und Wetterbedingungen***

Das IM-Expertensystem ermöglicht dem Benutzer schnellere Reaktionen und Aussagen unter Berücksichtigung eines erweiterten Datenhorizonts und unter Anwendung eines fundierten Regelwerkes.
Wegen der höheren Leistungsfähigkeit eines "Expertensystems" können stets bessere Entscheidungen getroffen und frühere Entscheidungen leichter und schneller angepaßt oder korrigiert werden.

8.4 Knowledge Engineering

Für die Planung und Konzeption eines unternehmens-spezifischen Experten-Systems kommt neben den bekannten fachlichen Fähigkeiten für die Durchführung der Informations- und Datenverarbeitung die Aufgabe des "Knowledge Engineerings" - Wissens-Ingenieurwesens - hinzu. Diese Funktion des Knowledge Engineerings befaßt sich schwerpunktmäßig mit folgenden Aufgaben:
* Wissens-Erwerb
* Gruppierung, Strukturierung und Darstellung des vorhandenen Wissens
* Festlegung des anwendbaren Regel-Systems
* Verarbeitung und Anwendung des Wissens nach dem Regelsystem

Im Rahmen des Knowledge Engineerings muß zunächst das im Unternehmen vorhandene Wissen und das erforderliche externe Wissen einschließlich der Quellen und deren Qualität festgestellt, festgehalten und fortgeschrieben werden.

- Wissens-Akquisition -

Das auf diese Weise festgestellte und bewertete Wissen ist nunmehr zu strukturieren sowie entsprechend seiner künftigen Verarbeitung und Anwendung darzustellen.

- Wissens-Repräsentation -

Grundlagen der Wissens-Verarbeitung bilden die für das Unternehmen festgelegten Schlußfolgerungs-Algorithmen.

- Regel-System -

Schließlich ist das dem Unternehmen zur Verfügung stehende Wissen entsprechend der festgelegten Schlußfolgerungs-Algorithmen -Regel-System- zu verarbeiten und dem Anwender zur Verfügung zu stellen.

- Wissens-Manipulation -

Mit dem Aufbau und dem konsequenten Einsatz des "Experten-Systems"
muß es zu einer Teilung der Aufgaben zwischen
>* Methodenberatung und
>* Knowledge-Engineering
kommen. Die **Aufgabenschwerpunkte der Methodenberatung**
werden künftig in der Unterstützung für
>* Projektorganisation und -durchführung
>* Tool-Einsatz
>* Datenbank-Technik
>* KI-Implementierungs-Techniken
>* Optimierungs-Methoden
>* Entwurf und Gestaltung von Dialog-Benutzeroberflächen
liegen.
Dagegen werden die **Aufgabenschwerpunkte des Knowledge
Engineerings** durch
>* Abgrenzung des Wissens
>* Strukturierung, Bewertung und Klassifizierung des Wissens
>* Formalisierung der Nutzung des Wissens
>* Einsatz und Anwendung der KI-Techniken
gekennzeichnet sein.

Beim Aufbau von "Experten-Systemen" müssen spezielle
>- Tools
>- Shells
eingesetzt werden, um die Arbeit zu standardisieren und zu erleichtern.
Durch den Einsatz von Werkzeugen soll der Implementierungsprozeß von
"Experten-Systemen" beschleunigt werden. Diese Tools können
insbesondere Programmierhilfen zur Darstellung von Informationen und
deren Verarbeitung beinhalten. Es ist auch denkbar, daß künftig Tools mit
vorgefertigten Bausteinen zum Aufbau und zur Fortschreibung von
Experten-Systemen zur Verfügung stehen werden. Diese Werkzeuge
müssen insbesondere die grafik-orientierte Gestaltung der Wissens-Basis
unterstützen.

Shells dagegen sind **leere, d. h. noch nicht mit Wissen gefüllte
Systeme** mit einer Wissens-Akquisitions-Komponente. Sie sollen es dem
Knowledge-Engineer oder dem Wissens-Experten ermöglichen, seine
spezifischen wissensbasierten System-Anwendungen selbst zu erstellen.

8.5 Bedeutung und Nutzen von "Expertensystemen" für das Informationsmanagement

Mit den Ergebnissen eines zielorientierten Informationsmanagements und den bekannten Entscheidungsregeln entsteht ein "Expertensystem" für das Informationsmanagement (IM-Expertensystem).
Das bedeutet in erster Linie, den Rohstoff "Information" auf intelligente Weise
* aufzubereiten
* zu bewerten
und für Entscheidungen bereitzustellen.

Für die Zukunft ist es erforderlich, das **IM-Experten-Wissen** als Software zu entwickeln und zu pflegen. Das bedeutet, daß möglichst anwendungsunabhängig Programme und Regeln zu entwickeln sind, die den menschlichen Denkprozeß abbilden und zur Lösung von besonderen Fragestellungen auf das gespeicherte IM-Expertenwissen zugreifen.
Das IM-Wissen muß dem gesamten Unternehmen für die permanente Entscheidungsfindung zur Verfügung stehen und dem Experten neben dem "gesunden Menschenverstand" eine fundierte Problemlösungshilfe bieten.
Als "Vorschläge für eine mögliche Entscheidung" ist das IM-Basiswissen transparent, reproduzierbar und einsetzbar darzustellen.

Ein derartiges **"Experten-System"** soll also nicht nur Basiszahlen für Informationsmanagement-Entscheidungen liefern, sondern die Entscheidungen weitgehend selbst vorbereiten und Lösungsalternativen anbieten. Darüber hinaus muß dieses "Experten-System" auch "lernfähig" sein. Das bedeutet, daß das gespeicherte IM-Wissen ständig um gesichertes, neues Wissen und um Regeln erweitert werden kann. Altes, überholtes oder falsches Wissen wird vernichtet.
Es ist nicht auszuschließen, daß durch ein entsprechend aufgebautes IM-Expertensystem herkömmliche DV-Anwendungen teilweise ersetzbar werden bzw. einfache Programmier-/Codier-Aufgaben maschinell gelöst werden können.

Zum Aufbau eines IM-Expertensystems ist die uneingeschränkte Zustimmung der Unternehmensleitung wesentlich. Dafür muß die Entscheidungsebene von dem erzielbaren Nutzen überzeugt sein, denn der Aufbau eines IM-Expertensystems ist mit zusätzlichen Kosten und Aufwand verbunden.

Die **IM-Experten** und die **IM-Benutzer** müssen gemeinsam die Anforderungen für den Aufbau und die Integration des Wissens eines Expertensystems festlegen. Auf diese Weise kann auf der Basis einer soliden Wissensspeicherung eine **fundierte Perspektive zukunftsweisend für das gesamte Unternehmen** entstehen.

Für den Aufbau eines IM-Expertensystems sind zuvor folgende Voraussetzungen zu schaffen:
1. Das **gesamte Unternehmenswissen** ist zunächst vom IM-Experten zu erheben, zu erfassen und zu systematisieren. Dafür muß eine Wissensbasis-Struktur entwickelt werden. Diese Struktur ist Grundlage zur Abbildung der Basis-Informationen.
2. Für die **IM-Folgerungs-Komponente** sind Schlußfolgerungs-Algorithmen als "Regel-Werk" vorzusehen. Hierfür sind nicht nur die Regeln der klassischen Logik, sondern auch beispielsweise auf Markterkenntnissen und anderen zufälligen Gesetzmäßigkeiten beruhende Schließverfahren hervorzuheben, die allerdings nur temporär von Bedeutung sein können.

Ein IM-Expertensystem soll gleichermaßen
* dem Experten
* dem Endbenutzer
* dem Unternehmen
einen zusätzlichen erheblichen Nutzen bringen.

Für den **Experten** bedeutet der Einsatz eines "Expertensystems"
* Entlastung von zeitaufwendigen Routine-Arbeiten
* Konzentration auf kreative Lösungsschritte
* Vollständigkeit bei der Problemlösung
* Unterstützung bei der Spezifikation von besonderen Fragestellungen

Der **Endbenutzer** bezieht seinen Nutzen aus der
* besseren Verfügbarkeit des vorhandenen Wissens
* gleichbleibenden Qualität der Problemlösung
* flexiblen Einstellung entsprechend dem Kenntnisstand
* Transparenz des Problem-Lösungswegs

Das **Unternehmen** schließlich erzielt den Nutzen durch die
* Erkennung und Aufdeckung von Wissens-Schwerpunkten im Unternehmen
* Erkennung und Aufdeckung von Wissens-Engpässen im Unternehmen

* Transparenz des unternehmens-internen Wissens
* bessere Verfügbarkeit des unternehmens-internen Wissens
  (Wissen wird maschinell verteilbar)
* schnellere Anpassung bei differenzierten Markt- und
  Kundenbedürfnissen
* Korrektur von Planungen und Entscheidungen mit den
  notwendigen Folgerungen
* "Experten-Wissen" bleibt beim Ausscheiden von Mitarbeitern
  erhalten

Das IM-Expertensystem unterstützt sämtliche Unternehmensbereiche,
aber besonders das Management u. a. bei
* der Fortschreibung des IM-Modells
* der systematischen Informations-Beurteilung
* vielen IM-Entscheidungen die unter Zeitdruck und mit
  Unschärfe getroffen werden

Es ist davon auszugehen, daß zukünftige Unternehmensabläufe wesentlich
durch IM-Expertensysteme unterstützt werden.

9 Checklisten

9.1 Unternehmensziele

9.2 Externe Informationsquellen

9.3 Fragen zur Informations-Erhebung und zur Daten-/Informations-Beurteilung

9.4 Informationsbedarf

9.1 Unternehmensziele

Aus einer Vielzahl von Zielen umfassen die nachfolgend aufgeführten Ziele neben Unternehmenszielen (U), auch Bereichsziele (B), Abteilungsziele (A) und Stellenziele (S). Diejenigen Ziele, die durch das Informationsmanagement besonders beeinflußt werden können, sind für entsprechende Analysen unternehmens-spezifisch zu kennzeichnen.

o Gewinnmaximierung	U
o Rentabilitätsmaximierung	U
o Umsatzmaximierung	U
o Nutzenmaximierung	U
o Maximierung des "Return on Investment" (= möglichst hohe Verzinsung des investierten Kapitals)	U
o Sicherung/Steigerung des Marktanteils	U
o Liquiditätsoptimierung	U
o Standort-Optimierung	U
o Kapital- bzw. Substanzerhaltung	U
o Unabhängigkeit in den Entscheidungen	U
o Rechtliche Absicherung des Know-How	U
o Aufbau, Erhaltung oder Steigerung des Unternehmens-Images	U
o Einhaltung ethischer und sozialer Prinzipien	U

o Deckungsbeitragsmaximierung   **B**

o Kostenminimierung   **B**
   u.a.
       - Herstell-/Produktions-Kosten
       - Lager- und Versandkosten
       - Verwaltungskosten
       - Vertriebskosten
       - Beschaffungskosten

o Optimierung des Fertigungsablaufs   **B**

o Minimierung der Wartezeiten   **B**
   in der Fertigung

o Optimierung des Produktionsprogramms   **B**

o Einführung neuer Dienstleistungen   **B**

o Produkt-Diversifikation   **B**

o Kostenminimierung   **A**
   u.a.
       - Herstell-/Fertigungs-Kosten
       - Lager- und Versandkosten
       - Verwaltungskosten
       - Verkaufskosten
       - Beschaffungskosten

o Minimierung der Wartezeiten   **A**
   in der Fertigung

o Optimierung der gesamten Fertigungszeit   **A**

o Optimierung der Vorratshaltung   **A**

o Minimierung der Steuern und Abgaben   **A**

o Erhaltung der Personal-Besetzung   **A**

o Schaffung organisatorischer Konsistenz   **A** o Straffung des innerbetrieblichen Ablaufs   **A**

o Schaffung von Marktpräsenz   **A**

o Optimierung der Lieferantenbeziehungen   **A**

o Optimierung der Kundenbeziehungen   **A**

o Steigerung der Service-Qualität   **A**

o Einhaltung der Stellenziele   **S**

o Einhaltung der Stellen-Vorgaben   **S**

o Minimierung des Ausschuß   **S**

o Reduzierung der Maschinenstillstandszeiten   **S**

o Durchführung der Aufgaben mit höchster   **S**
   Qualität

o Optimale Kundenbetreuung   **S**

o Ständige Lieferantenbeobachtung   **S**

Diese Checkliste ist insbesondere dazu geeignet, die Ziele, die durch das Informationsmanagement im eigenen Unternehmen positiv zu beeinflussen sind, zu kennzeichnen.

9.2 Externe Informationsquellen

Für die folgenden externen Informationsquellen sind einige Aktivitäten hinsichtlich der Informations-Beschaffung gegenübergestellt (siehe Bilder 9.1 und 9.2):

Aktivitäten externe Informationsquellen	Info vorhanden? ja/nein	Info Beschaffung wo?	Zeitraum Aktualitätsgrad	Kontaktaufnahme mit
Fachzeitschriften				
Fachbücher				
Fachveröffentlichungen				
Bibliotheken				
Publikationen				
Geschäftsberichte u. veröffentl. Bilanzen				
öffentliche Medien				
Statistiken des Bundes der Länder, Kommunen u. der stat. Ämter				
Archive				
amtliche Eintragungen im Handelsregister u. im Grundbuch				
Auskunfteien, Wirtschaftsverbände, Handelskammer, IHK				
Telefonbücher, Branchen u. Einwohnerverzeichnis				
Forschungsergebnisse der Universitäten u. Fachhochschulen				
Informations-Datenbanken				
Informationsdienste der Bundespost (BTX)				
Besuch von Fachmessen u. Sonderschauen				
Herstellerkontakte, Versammlungen				
Vorträge, Arbeitskreise od. Erfahrungsaustausch				
Schulungen, Seminare u. Besichtigungen				

<u>Bild 9.1:</u> Externe Informationsquellen und Informations-Beschaffung

Aktivitäten externe Informationsquellen	Info vorhanden? ja/nein	Info Beschaffung wo?	Zeitraum Aktualitäts- grad	Kontakt- aufnahme mit
Berichte, Broschüren, und Programm-Dokumentation				
Software-Kataloge				
Analysen von Meinungs- oder Marktforschungs-instituten				
Analysen und Untersuchungen über Mitbewerber-Produkte				
Informationen über Kundenverhalten und Kundenstruktur der Mitbewerber				

Bild 9.2: Externe Informationsquellen und Informations-Beschaffung (Fortsetzung)

9.3 Fragen zur Informations-Erhebung und zur Daten-/Informations-Beurteilung

o Wie erhalte ich die richtigen Informationen?

o Welche Informationen (intern, extern) sind zusätzlich zu beschaffen?

o Welche Informationen sind nur der Geschäftsleitung vorbehalten?

o Welche Informationen sind kurzfristig/mittelfristig/langfristig erforderlich/verfügbar?

o In welcher Form stehen die Informationen zur Verfügung?

o Welche Informationen können zu Wettbewerbsvorteilen führen?

o Welche Informationen können nach außen weitergegeben werden?

o Welche Informationen führen zur Erhöhung des Gewinns?

o Welche Informationen ermöglichen eine Kostenminimierung?

o Welche Informationen ermöglichen langfristig eine Umsatzsteigerung/-sicherung?

o Welche Informationen helfen, den Marktanteil zu festigen?

o Welche Informationen sind für eine optimale Standortwahl erforderlich?

o Welche Informationen sind für eine optimale Liquiditätslage notwendig?

o Welche Informationen können zur Verbesserung der Produktqualität beitragen?

o Welche Informationen dienen der Motivation der Mitarbeiter?

o Welche Informationen sind redundant?

o Welche Informationen können (z.B. durch grafische Aufbereitung) besser dargestellt werden?

o Gibt es Informationen, die als "add on" nutzbringend einbezogen werden können?

o **Wer ist zusätzlich an Informationen interessiert?**

o **Wem bringen welche Informationen zusätzlichen Nutzen?**

o **Wer verwertet welche Informationen?**

o **Welche Informationen müssen an verschiedene Mitarbeiter gleichzeitig und ständig aktualisiert weitergeleitet werden?**

o **Wie hoch ist der Wert der Information?**

o **Wie genau muß diese Information sein?**

o **Welche Voraussetzungen müssen erfüllt sein, um den Wert einzelner Informationen zu steigern?**

o **Welche Kontrollmaßnahmen sind vorzubereiten, um den Wert der Informationen langfristig zu erhalten?**

o **Was geschieht, wenn die Information nicht vorliegt?**

o **Welchen Nutzen hat diese Information für meine Aufgabe?**

o **Welchen sonstigen Nutzen hat diese Information?**

o **Wozu ist diese Information erforderlich?**

o **Steht der Nutzen für die Informations-Beschaffung in einem wirtschaftlichen Verhältnis zum Aufwand?**

o **Wie aktuell ist die Information?**

o **Wann steht diese Information zur Verfügung?**

o **Wie kann der Grad der Aktualität der Information erhöht werden?**

o **Zu welchem Zeitpunkt ist diese Information richtig?**

o **Können diese Informationen manipuliert werden?**

o **Wo stehen die Informationen zur Verfügung?**

o **Welche Maßnahmen können die Informations-Beschaffung unterstützen/beschleunigen?**

9.4 Informationsbedarf

Anhand der folgenden Checklisten ist der Informationsbedarf für

* die Analyse der Unternehmenssituation und für die Festlegung von Perspektiven der zukünftigen Entwicklung

* die Ausarbeitung von Strategien

* die Ableitung funktionaler Grundsätze

* die Planung und Gestaltung der Organisation

* die Durchführung von Strategien

gegliedert nach internen und externen Daten dargestellt.

Diese Checklisten sind ein wesentliches Hilfsmittel zur Ermittlung des Informationsbedarfs [52].

Informationsbedarf für die Analyse der Unternehmenssituation und für die Festlegung von Perspektiven der zukünftigen Entwicklung

unternehmens-interne Daten :

o Besonderheiten und Leistungsmerkmale der eigenen Produkte
o erzielte Umsätze und deren geografische Verteilung
o Art der Produktentwicklung und Produktstruktur
o Marketingstruktur
o Finanzstruktur
o Personalstruktur
o Organisationsform
o Produktionsverfahren und -methoden
o Marktposition
o Kostensituation
o Stärken-Schwächen-Profile
o kulturelle Maßstäbe der Führungskräfte
o ethische Grenzen des Entscheidungsspielraumes

52) Vgl. Hübner, Informationsmangement, Anlage A1/2 - A1/5

unternehmensexterne Daten :

- o Marktanteil und Marktvolumen des eigenen Unternehmens
- o Kostenentwicklung am Energie-, Rohstoff- und Arbeitsmarkt
- o Wirtschaftszyklen
- o Inflationsraten
- o Gesetze und staatliche Eingriffe
- o spezifische Wettbewerbsfaktoren des eigenen Unternehmens
- o Wettbewerbsfaktoren der Mitbewerber
- o Wettbewerbsstruktur
- o technische Entwicklung
- o Nachfragestruktur
- o Angebotsstruktur

Informationsbedarf für die Ausarbeitung von Strategien

interne Daten :

- o relative Marktposition (bezogen auf eigenen Marktanteil, eigenes Wachstum, eigene Rentabilität und Finanzstärke)
- o relatives Produktionspotential
- o relatives Forschungs- und Entwicklungspotential (eigene Innovationspotentiale)
- o Qualifikation der eigenen Führungskräfte

externe Daten :

- o Marktgröße und Marktwachstum
- o Versorgungslage der Region mit Energie und Rohstoffen
- o Marktqualität (Gewinnspannen, Rentabilität, potentielle Abnehmer, Mitbewerber sowie Eintrittsbarrieren für Mitbewerber)
- o Umweltsituation (staatl. Eingriffe, Konjunkturanfälligkeit)
- o relative Marktposition bezogen auf Marktanteile, Finanzkraft, Wachstum und Rentabilitäten bei den wichtigsten Mitbewerbern
- o relatives Produktionspotential bei Mitbewerbern unter wirtschaftlichen, technischen und versorgungsmäßigen Gesichtspunkten
- o Wirtschafts- und Währungspolitik
- o Stand der Forschung und Entwicklung
- o durchschnittliche Qualifikation der Führungskräfte
- o politische und ökologische Entwicklung

Informationsbedarf für die Ableitung funktionaler Geschäftsgrundsätze

interne Daten :

- Wertanalyse und deren Ergebnisse
- Stand der eigenen Forschung und Entwicklung
- Stärken und Schwächen der eigenen Produktion
- Qualtätsanforderungen
- Eigen- oder Fremdfertigung
- eigene "Erfahrungen"
- Preisgestaltung für die eigenen Erzeugnisse
- eigenes Know-How
- Firmenimage
- Finanzierungsgrundsätze
- Kosten der Eigenfertigung
- Kosten des Eigenvertriebs
- Rationalisierungsmöglichkeiten duch neue Technologien, Arbeitsteilung und Mechanisierung
- Mindestlagergröße
- Melde- und Bestellmengen
- Optimale Losgröße
- Ausbildungsstand der eigenen Mitarbeiter
- Liquiditätskennzahlen, Cash Flow, ROI etc.

externe Daten :

- technische Entwicklung unter Einbindung der Produktionsfunktion
- Art, Zahl und Qualität der Konkurrenzprodukte
- Vergleichszahlen/Testergebnisse
- Erfahrungen in der Branche
- Preissituation am Absatzmarkt
- Inflationsrate
- Kriterien für die Preisdifferenzierung
- Effektivität der Werbemaßnahmen
- vorhandene und bekannte Patente und Lizenzen
- Kosten für Fremdfertigung
- Kosten des Fremdvertriebs
- Prognosen zur Nachfrageentwicklung zwecks Kapazitätsplanung
- Angebot an Arbeitskräften und durchschnittlicher Ausbildungsstand der Arbeitskräfte
- durchschnittliche Entlohnung der Arbeitskräfte
- Kosten der Fremdfinanzierung

    o Preisfindung und Preispolitik der Mitbewerber
    o Dividendenpolitik der Mitbewerber
    o Kooperations- und Fusionsbedingungen

Informationsbedarf für die Planung und Gestaltung der Organisation

interne Daten :

    o Umsatz
    o investiertes Kapital
    o Cash Flow
    o Daten über strategische Geschäftseinheiten
    o Lebenszyklus der eigenen Produkte (aus verwendeten externen Daten) am Markt
    o Portfolioposition der eigenen Produkte
    o den Aufgaben entsprechende Reifegrade der Mitarbeiter
    o Prognosen zum Bedarf an Spezialisten
    o Beförderungskriterien
    o Organigramme, Organisationspläne und Stellenbeschreibungen .

externe Daten :

    o Marktanteile der wichtigsten Mitbewerber
    o kritische Erfolgsfaktoren
    o Eintrittsbarrieren
    o Substitutionsmöglichkeiten zwischen entsprechenden Produkten
    o technische Entwicklung
    o Absatzpreise des Mitbewerbs
    o Rabatte der Mitbewerber
    o Umweltchancen und -bedrohungen

Informationsbedarf für die Durchführung von Strategien

interne Daten :

    o Planungsschritte (Termine, Netzpläne)
    o Verantwortlichkeiten
    o Koordinationsmaßnahmen
    o Umsätze, Rentabilitäten, Gewinne, ROI
    o Cash Flow, Deckungsbeiträge
    o Erhebung über das Betriebsklima und die individuelle Arbeitszufriedenheit

externe Daten :

o Preisentwicklung
o Gesetzesänderungen
o Entwicklung des Marktanteils, der Kosten und der Preise
o Trend
o Käuferverhalten

10 Verzeichnisse

10.1 Definitionen

10.2 Literaturverzeichnis

10.3 Sachwortverzeichnis

10.1 Definitionen

Abteilungs-Rechner
Ein Abteilungs-Rechner ist immer ein Mehrplatz-Rechner, der die
Mitarbeiter einer Abteilung bei der Durchführung ihrer vielfältigen Aufgaben
unterstützt. Dieser kann Informationen erfassen, speichern, verarbeiten und
ausgeben sowie weiterleiten. Es können mehrere Anwendungsprogramme
gleichzeitig eingesetzt und damit unterschiedliche Aufgaben bearbeitet
werden. Der Abteilungs-Rechner hat im wesentlichen die gleiche technische
Ausstattung wie ein DV-System als Zentral-Rechner. Eine Verbindung zum
Zentral-Rechner ist technisch möglich und in Abhängigkeit von den zu
lösenden Aufgaben häufig sinnvoll. Für den Betrieb eines
Abteilungs-Rechners sind ein eigenständiges Betriebssystem und die
erforderlichen Anwendungsprogramme - als selbsterstellte Software oder
als Standard-Software - notwendig

Analyse
Zergliederung eines Ganzen in seine Teile und Untersuchung der Teile im
Verhältnis zum Ganzen

Arbeitsplatz-Rechner
Ein Arbeitsplatz-Rechner (auch als Arbeitsplatz-Computer -APC- oder
persönlicher Computer -PC- bezeichnet) ist ein selbständiges informations-
technisches EDV-System, das dem Mitarbeiter am Arbeitsplatz zur
Verfügung steht und ihn bei der Erfüllung seiner Aufgaben (Erfassung,
Speicherung, Verarbeitung, Ausgabe und Weiterleitung von Informationen)
unterstützt. Dieser kann als Einplatz- oder Mehrplatzsystem eingesetzt und
mit einem Zentral-Rechner verbunden werden. Arbeitsplatz-Computer
können auch untereinander vernetzt werden. Ein Arbeitsplatz-Rechner hat
im wesentlichen die gleiche oder eine ähnliche technische Ausstattung wie
ein Zentral-Rechner (EDV-Anlage). Für den Betrieb eines Arbeitsplatz-
Rechners sind ein Betriebssystem und Anwendungs-Software
(selbsterstellte oder Standard-Software) erforderlich. Ein APC ist nicht mit
einem Home-Computer identisch.

Daten
Daten sind in Informationen enthalten und können erst durch Bewertung zur
Information werden. Daten selbst sind fix und können nicht beeinflußt
werden

"Expertensystem"
Ein "Expertensystem" ist ein wissensbasiertes Informationssystem, das auf einem speziellen Regelwerk für Experten aufbaut. Bei einem "Expertensystem" handelt es sich immer um ein umfangreiches Informationssystem. Folglich ist ein "Expertensystem "ein Datensystem, das in der Lage ist, Aufgaben zu bewältigen bzw. Lösungsansätze zu entwickeln, die bisher nur ein Experte lösen konnte.

Information
Information [53]
- bedeutet Wissenserhöhung
- erfordert Aufbereitung, Verarbeitung und Wertung von Daten
- erleichtert Entscheidungen
- führt zu Aktionen/Reaktionen und
- wird für Tätigkeiten, Vorgänge und Prozesse benötigt

Informations-Administration
Summe aller Festlegungen der Informationsversorgung gemäß der Frage: **Wer** erhält **wann welche** Information **wofür?**

Informationsangebot
Zurverfügungstellung von Informationen durch verschiedene Stellen zu einem Zeitpunkt

Informationsbasis
Nach der Informationsmanagement-Einführung festgelegte Informations-Inhalte und deren Werte

Informationsbereitstellung
Gezielte Zurverfügungstellung von Informationen an den Nachfrager einschl. Weiterleitung bzw. Transport dieser Informationen

Informationsbedarf
Benötigte objektive und subjektive Informationen

---

53) Vgl. Höfer, Informationswert-Gestaltung..., S. 22 ff

Informationsbeurteilung
Qualitative und quantitative Gewichtung von Informationen

Informationsbewertung
Qualitative und quantitative Gewichtung bzw. Beurteilung von
Informationen und Einordnung nach dem Zielbezug

Information Center
Organisatorische Einheit innerhalb des Bereiches Informationsmanagement
zur technischen Unterstützung der Anwender von Informationssystemen

Informationsdefizit
Informations-Lücke, die durch Unterversorgung entsteht

Informationsfluß
Strom von Informationen innerhalb und zwischen funktionalen Vorgängen

Informationslogistik-Modell
Darstellung der informations-orientierten Zusammenhänge des
Unternehmens z. B. durch Soll-Matrizen

Informationsmanagement
bedeutet Analysieren, Bewerten, Gestalten und Steuern der Informationen,
Informationsstrukturen und Informationsflüsse in einem Unternehmen
derart, daß die gesetzten Unternehmensziele möglichst optimal erreicht
werden

Informationsmanagement-Service
Zusammenfassung der Daueraufgaben für das Informationsmanagement mit
Service-Charakter

Informations-Manager
Führungskraft eines Unternehmens mit dem Ziel
    - die Informations-Infrastruktur zu verbessern sowie
    - alle erforderlichen Informationen rechtzeitig in der richtigen
      Form für die richtigen Adressaten bereitzustellen

Informations-Modell
Unternehmensmodell mit den Komponenten
   - Ziel-Modell
   - Informationslogistik-Modell
   - Informationswert-Modell
   - Funktions-Modell
   - Kommunikations-Modell

Informationsplanung
Gedankliche Vorwegnahme der Gewinnung und Benutzung von
Informationen

Informationsprozeß
Summe aller aufeinanderfolgender, informations-orientierter und
aufgaben-bezogener Vorgänge

Informationsquellen
Ursprungsort der Information

Informationsschutz
Schutz davor, daß falsche und ungeprüfte Informationen die das
Unternehmen erreichen, der Informationsbasis zugeführt werden

Informations-Schnittstelle
Festlegung sämtlicher Übergabekomponenten und deren Bedingungen für
die Informationsweitergabe oder für den Informationsempfang und die
Weiterverarbeitung

Informationssicherung
Technische Sicherung von Informationen vor Verlust und Verfälschung

Informationsspeicherung
Ablage von Information auf technischen Speichermedien

Informationsstruktur
Schematische Systematisierung der im Unternehmen vorhandenen
Informationen mit dem Ziel, ein Informationsstruktur-Modell zu bilden

Informations-Transport
Weiterleitung von Information ohne deren Veränderung

Informations-Überfluß
Übermenge an Information, die einer effizienten Informationsbearbeitung
und -verarbeitung hinderlich ist

Informationsversorgungs-Profil
Zusammenfassung von
  - Daten-/Tätigkeitsmatrizen
  - Datengruppen-/Aufgabenmatrizen
  - Tätigkeits-/Aufgabenmatrizen
in einem Unternehmen

Informationswert-Analyse
Analyse des Wertes von Informationen unter Berücksichtigung der
Unternehmensziele. Demnach ist der Wert einer Information umso höher zu
bewerten, je besser sich die Information am Zielsystem des Unternehmens
orientiert.

Kommunikation
Austausch von Informationen zwischen Menschen und/oder Geräten

Kommunikations-Technologie
Gesamtheit aller Technologien, um den Informationsaustausch
durchzuführen

Technik
Praktische Verwendung der naturwissenschaftlichen Erkenntnisse

Technologie

Lehre von der Verarbeitung der Rohstoffe zu Fertigprodukten

Vorgang

In funktionalen Vorgängen finden durch die betrieblichen Tätigkeiten
Veränderungen der Informationen statt. Transport-Vorgänge dienen nur
dem Informations-Transport und bedingen keine
Informationsveränderungen.

Zentral-Rechner

Als Zentral-Rechner wird die herkömmliche DV-Anlage bezeichnet. Der
Zentral-Rechner ist für die Speicherung, Verarbeitung und Weiterleitung
großer Datenmengen konzipiert. Er wird für diese Aufgaben eingesetzt und
führt auch dort die Unterstützungs-Aufgaben für Mitarbeiter und
Fachabteilungen durch, wo bisher noch keine Arbeitsplatz-Rechner
und/oder Abteilungs-Rechner eingesetzt sind.

10.2 Literaturverzeichnis

Brenner, R.: "Orakelsprüche aus dem schwarzen Kasten", in
              IBM-Nachrichten 37 (1987) Heft 287

Grochla, E.: "Unternehmensorganisation",
              ROWOHLT Taschenbuch Verlag, Reinbek, 1972

Henssler, R.: "Information-Management - eine Chance" in
              Office Management 7 - 8 (1983)

Höfer, H. C.: "Informationswert-Gestaltung: Software-Engineering im
              Information Resource Management",
              Software-Engineering und Informations-Management,
              Proceedings zum Software-Forum, Computerwoche-CSE, 1985

Hübner, H.: "Informationsmanagement
              Strategie-Gestaltung-Instrumente" (Anlage A1)
              R. Oldenbourg Verlag München-Wien, 1984

Kilger, W.: "Zur Kritik am internen Zinsfuß"
              in: ZfB (1965), S. 765 ff

Klander, P.: "Informations-Modell" in
              ÖVD - Öffentliche Verwaltung und Datenverarbeitung; Online
              3 (1986)

Koreimann, D. S.: "Systemanalyse", Walter de Gruyter-Verlag,
              Berlin/New York 1972

Kosiol, E.: "Finanzmathematik", Verlag Dr. Th. Gabler, Wiesbaden 1959

Mertens P. und Plötzeneder H. D.: "Programmierte Einführung in die
              Betriebswirtschaftslehre", Band 2,
              Betriebswirtschaftlicher Verlag
              Dr. Th. Gabler, Wiesbaden, 1972

Meyer, F. und Stopp, U.: "Praktische Organisationslehre" in Reschke, H.
              (Hrsg.): Fachbuchreihe für den Betriebwirt?,
              Lexika-Verlag, Grafenau 1974 und Taylorix
              Fachverlag Stuttgart 1975

o. V. : "Organisationswert-Analyse mit ROCHADE", in
              ROCHADE-Report 2 (1987)

Pohl, W.: "Schrittweises Vorgehen ist die beste Strategie", in
           Computerwoche v. 1. 11. 1985

Schöneburg, E.: "Inferenzmechanismen sind meist nicht mächtig genug", in
           Computerwoche v. 2. 10. 1987

Spitschka, H. und Joschke,H. K.: "Praktisches Lehrbuch der Organisation"
           Verlag moderne Industrie, München , 1975

Stichternath, K.: "Wissensbasierte Systeme", in SIEMENS (Hrsg.),
           FBZ-K ZN Hvr - WBS

Wöhe, G. : "Einführung in die allgemeine Betriebswirtschaftslehre",
           Franz Vahlen Verlag, Berlin-Frankfurt, 1970

Die folgende **grundlegende und weiterführende Literatur** kann dem interessierten Leser empfohlen werden:

Finke, W. F.: "Informationsmanagement: Ausbildung für einen neuen
           Funktionsbereich", in Information Management 1/1988

Finke, W. F.: "Informationsmanagement in Organisationen", in Zeitschrift
           für Organisation, 1987

Griese, J. und Rieke F.: "Praktische Aspekte des Information
           Management", in Information Management 1/1986

Hartwig, T.: "Portfolio-Analyse für das strategische
           Informationsmanagement", in
           Information Management 3/1987

Heilmann H. u. a. (Hrsg.): "Handbuch der modernen Datenverarbeitung -
           Informationsmanagement ", Heft 142,
           Forkel-Verlag Wiesbaden, 1988

Heinrich, L. J. und Burgholzer, P.: "Informationsmanagement" - Planung,
           Überwachung und Steuerung der Informationsfunktion", R.
           Oldenbourg Verlag München-Wien, 1987

Heinrich, L. J. und Roithmayr, F.: "Wirtschaftsinformatik-Lexikon",
           R. Oldenbourg Verlag München-Wien, 1986

Krause, H.-U.: "Informationsmanagement als Bestandteil der
             Führungskräfte-Weiterbildung", in
             Information Mangement 1/1988

Meier, M.: "Methodisches Information-Resource-Management ", in
           Information Management 2/1987

Meyer-Piening, A.: "Informations-Management in erfolgreichen Firmen", in
             online 12/1988

Schwarze, J.: "Zum Berufsbild des Informations-Managers", in
             Information Mangement 1/1988

Skubch, H.: "Information Modelling: Die Bedeutung von Data
             Dictionaries" ,Software-Engineering und Informations-
             Management, Proceedings zum Software-Forum,
             Computerwoche-CSE, 1985

Stülpnagel, Alexander v.: "Information Engineering", in Information
             Mangement 1/1987

Wollnik, M.: "Ein Referenzmodell des Informations-Mangements", in
             Information Management 3/1988

10.3 Sachwortverzeichnis

M

N

O

P

R

S

T

U

V

W

Z